新潮文庫

日本語の作法

外山滋比古著

目次

第一章　ことばは身の丈

第二章　遠慮・思いやりのことば

第三章　あいさつの難しさ

第四章　変わりゆく日本語

日本語の作法

第一章　ことばは身の丈

他言無用

「ここだけの話で、ほかの人には黙っていてほしいのですが……」

といって切り出される話はたいてい〝おもしろい〟。そのまま胸にしまっておく、というわけにはいかない。ひとりくらいはよかろうと話すと、広がってしまうのである。

噂《うわさ》などをふりまくので、おしゃべり、放送局と言われる人はどこにもいる。みんな用心して本当のことは話さないが、本人はそれに気づいていないことが多い。

他言をはばかることを、ついしゃべってしまうのは、人間の業《ごう》のようなもので、昔からの悩みである。

ギリシャ神話に「王の耳はロバの耳」というのがある。ミダス王の耳はロバの耳の形をしていた。王はもちろんそれをひた隠しにしていた。王の理髪師が仕事柄その秘密を知るが口外できるわけがない。穴を掘ってその中へ向かって「王の耳はロバの耳」と言うと、あと土をかけた。

ところが、そこからアシが生えて、風が吹くと「王の耳はロバの耳」という声を出した、というのである。理髪師も秘密を守れなかったことを暗示しているのがおもしろい。

この話はよほど評判だったのだろう。ギリシャから中央アジア、さらに中国、朝鮮を経て日本にも伝わり、『徒然草《つれづれぐさ》』の「おぼしきことといわぬは腹ふくるるわざ」という有名なことばになった。

軽口は絆《きずな》を壊す

秘密を守るのは、それくらい難しいのだから、すこし気をつけたくらいではどうにもなるものではないけれども、情報があふれる一方、プライバシーがやかましくなった現代においては、話を散らして人を傷つけるようなことがないよう注意する必要があるのは、昔以上である。

AとBとは同じ会社に勤める同僚である。そこへ新人のC女があらわれて、AC、BCの付き合いが始まった。

AがCの前ではどうしても親しいBのことを、あまりよく言わないのは人情である。Bも同じで、なんとなくAより自分の方をよく見せたいから、ついよい話はしない。Cが、それぞれの話を向こう側にいちいち忠実に伝えたりすれば、たまらない。

仲のよかったAとBは口もきかなくなってしまう。ずいぶんたって、わけがわかり、仲直りした二人は悪いのはCだときめる。

Pは組織の首脳である。外部の人材を入れようとして人選をすすめていて、Xの名があがった。たまたまやって来た親しい後輩のQにどう思うかを訊《たず》ねた。Qが「あの人は喧嘩《けんか》っ早いそうです」と答え、PはXの採用を思いとどまる。Xを推していたRに、Pが「QがXは喧嘩っ早いと言うから……」を不採の理由のひとつとして告げた。RがXのところへ行って、正直にそのままのことばを伝えて、それでこの人事はつぶれたと話した。おさまらないXは、公《おおやけ》のところでQに個人攻撃を加えた。QがPとRの心なきことばを深く恨んだのは言うまでもない。

PとRは教養もあり経験も豊かなのだが、こういう場合、直接法の話し方、言った人の名を出してはいけない、ということを知らなくてトラブルになった。こういう筒抜けは、かかわる人たちの人間関係を傷つけるから怖ろしい。苦しい経験をしてきているからであろう。政治家はこの点で賢明であることが多く、不用意に人の名を出したりすることが少ない。一般の勤め人でも一度や二度は失敗しているはずなのに、どうも鈍感なことが多いようだ。不和な仲のそもそもの発端が、こういう第三者の直接話法にあることがしばしばである。

ある大学の老教師が、卒業間近い学生たちにはなむけのことばを贈った。

「とくべつの才幹がなくても、目の色を変えて働かなくとも、人から聞いた大事なことをみだりに他言しない口の堅い人間であれば、五年もすると自ずからまわりから信頼できる人間だと思われるようになる。人を押しのけてあくせくしたりするには及ばない……」

世の中、そんなに甘くはないだろうが、この教訓は実践的で有用である。口の堅いは七難かくすのは事実。

間をもって話す

未知の読者からの手紙が出版社から転送されて来た。なにごとかと読んでみると——

「……もしこのテクストをお持ちでしたら、コピーを御送付戴《いただ》きたいのです。スゴイ厚かましいお願いですが、どうかして見たいんです。何卒《なにとぞ》御無礼をお許し下さい。敬具」

とある。乱暴で失礼な手紙で、おもしろくない。漢字の使い方を見ると社会人のようでもあるが、「スゴイ厚かましい」などからすると、若い人かもしれない。それにしては、読みたがっているテクストが専門的でありすぎる。しかし、これくらいでいちいち驚いていては現代に生きていけない。

スゴクが流行し出したのは、もう一世代前のこと。それがいつの間にか変形、スゴイとなった。スゴイおもしろかったり、スゴイ速い、だったりする。

スゴクおもしろいなら、副詞と形容詞で、副詞が形容詞を修飾していて文法にかなっている。ところが、スゴイおもしろい、だと、形容詞が形容詞を修飾することになって据わりがよくない。非文法的である。若い人たちのエネルギーは文法の枠くらい壊すのは何でもないのだろう。

かつて、大正の中頃のこと、「とてもきれいだ」というような言い方が始まって、心ある人は心を痛めたという。「とても」は、あとに否定のことばを伴うものときまっていて、「とても考えられない」のようになるのが普通であるのに、「とてもうまい」のように、肯定で結ぶのは、文法上、破格でおかしいのである。

もともと、ことばはデモクラティックなものだから、変でも、おかしくても、みんなが使っていれば、そのうちに文法でも許容されるようになる。いまどき、「とても美しい」をおかしいと言う人はいない。もっとも、文章では、なお、そういう言い方を避ける人は少なくない。新聞の文章でも使われない。

戦後になって、「ぜんぜん」が肯定を伴って、「ぜんぜんイカす」「ぜんぜん愉快だ」などという言い方があらわれた。「ぜんぜん」も元来、否定といっしょになって「ぜんぜん話にならない」のように用いられるもので、肯定と結びつくのは、「とても」が肯定を伴うのと同じように、破格の語法である。さすがに、これはまだ完全に許容されているとは言えない。紳士淑女は使用を慎んだ方が無難。

間で変わる話の印象

破格の表現には、強調、強勢の効果があって、若い人たちにはそれが魅力になるけれども、なんとなく品がなく、粗野な感じとなるのは否めない。

むしろ逆に、抑制を利《き》かせた言い方をするのがおもしろく感じられる。それが、社会人で、「ひどくうまい」と言うところを「なかなかいける」、「最高にすばらしい」と言う代わりに「悪くないね」「相当なものだ」とする。アンダーステイトメントである。

抑えると言えば、話すスピードにもブレーキをかけるのが一人前の話し方である。立て板に水、ではなく、ボソボソ、あるいはポツリポツリの方が味わいがあるとするのが成熟した語感である。

かつての大平正芳《まさよし》首相(故人)は、「エー」「アー」の話し方で有名だった。世間はそれを口下手ときめつけたが、考え考え話していたのである。座談などではさわやかな話しぶりだったそうだ。公的発言の影響を考えて、ブレーキをかけすぎたのかもしれないが、ある種の風格があった。

噺家《はなしか》や役者の苦労するのが間のとり方である。同じことばでも、間のとり方ひとつで、おもしろくなったり、つまらなくなったりするからである。

喜劇俳優藤山寛美（故人）の語り口のおもしろさは、間のとり方で、普通の間、定間のほかに、半分の半間を巧みに使って、観客を笑わせた。

〝間抜け〟というのは、もともと、芸能で、あるべき間がないことをとがめることばだった。

お互いの話し方では間抜けことばが横行しているが、間をもつことを心がけたい。バカなことでも休み休み言えば、人の心をとらえることができる。

巧言令色《ビジネス・レトリック》

電話に頭をさげて話をした父親をあとで息子が笑った。

「お辞儀したって見えやしない」

父親が言った。

「そんなもんじゃない。お辞儀の心は先方に伝わる。お前のように寝ころがってかける電話は横着に聞こえるんだ」

デスクに足をのせてひっくりかえっている新聞記者が、同僚にかかってきた電話に「いま、いねえようだ」と答えて、新聞のイメージを悪くした。いま直通電話になったが、ことばは進歩しない。

出版社から執筆依頼が来る。〝お願いします〟でも失礼なのに〝ご執筆ください〟と書いてくる。〝ください〟をていねいだと教えるところがあるらしい。教えると言えば、教育関係の編集は、多く粗野である。書かせてやる、と考えているからだろう。いついつまでに「必着のこと」などと平気で書いてくる。この〝……のこと〟というのは、昔、警察が〝すべし〟をやわらげるために工夫した語法だから、威張っているのである。いまどき使えるわけがない。

〝勝手を申してまことに申し訳ありませんが、〇〇日までに頂戴《ちょうだい》できませんでしょうか。ご都合お伺いいたします〟くらいのことが書けないのか。

地下鉄の車内放送も教育くさくて、携帯電話を使うなという意味のことを言い、終わりを「ご理解、ご協力をお願いします」と結ぶ。「足もとにご注意ください」よりていねいなつもりだろうが、ピッタリしない。工夫の余地大。

ゴミの分別を間違えた集積所に〝警告〟という札がはってある。まるで犯罪を叱《しか》るような、おどろおどろしい文言がおどっている。一見、気分が悪くなる。

ゴミ収集が税金でまかなわれるサービス事業であることを役人が忘れている。住民は腹を立てないのだろうか。ことばに鈍感で、ピンとこないのかもしれない。

J会館と言えばちょっと知られたところだ。ある人が会合の部屋の予約をした。何日かして会館から「あの部屋は先約があったのをうっかり予約を受けましたが、お使いいただけなくなりました」と言ってきた。客が怒ってゴタゴタした。あとからいい話が来て先約をキャンセルしようとしたらしい。ウソをつくなら、もっとうまいウソでないといけない。

ことばの潤滑油

昔、上海《シャンハイ》のイギリス系銀行の話である。客が引き出した現金が多すぎる。大金である。客が返しに行くと、銀行の幹部が対応、「当方は決してそのような間違いはいたしません。お客様のお勘違いでございます」の一点張り、とうとう返金を認めなかった。この話が広まって、銀行の信用は高まった。損して得したウソの効用。

日本の消費者はアメリカとは違い、王様ではないが、以前に比べればずいぶん意識が高くなり、その分うるさくなっている。病院が患者をさんづけで呼んでいたのを様と呼ぶようになったが、それでも病院は冷たいと感じる人がふえている。医師は接遇のことばもすこしは学ばないといけない時代になっている。コンビニやスーパーで、ほしいもののある場所がわからなくて店員を見つけて教えてもらうとき、たいていやれやれといった態度を見せる。ありがとうございますとは言わないのである。これではいくらアリシタ（ありがとうございました。のつもり）を安売りしても、自動販売機の方がましだと客は思ってしまう。

売れ残ったものをどうするか。捨てたくはない。さりとて、このままではどうしようもない。売れ残りを売るには高度のレトリックが必要になる。それがないから、偽装や不正表示になってしまう。

ビジネスは〝正直は最上の策〟と〝ウソも方便〟の両立したところで、文化になるのだが、二つを結ぶビジネス・レトリックの開発がおくれている。消費不振の一因もそこにあるのかも。

いまの社会全体がギスギスしているのはことばの潤滑油が切れているからである。巧言令色鮮《すくな》し仁（論語）とのんきなことを言っていられたのは昔のこと、消費社会では巧言令色がものを言う。

意外、美しくないくり返し

〝美しい日本語〟ということがしきりに言われたのは、もう三十年も前のことになる。ひと頃は〝美しい国、日本〟が政治のスローガンになって注目されていたが、〝美しい日本語〟はすでに色あせている。

もともと、美しい日本語がはっきりしているわけではない。あるところでアンケート調査をしたことがあるが、人さまざまで絞り切れない。

おはようございます、さようなら、こんにちは、ありがとう、などあいさつのことばを美しいとした人が多かったのは意外である。ほかに、努力、誠実、親切、平和といった好ましい意味の語が美しいとした人も少なくない。

まほろば、こもれび、せせらぎ、など音調のよさを選んだのは少数派だった。かつてイギリスのある小説家が、英語で、もっとも美しいのは、pavement（ペイヴメント、舗道）だと自信たっぷりに書いているのを思い出す。これは純粋にことばの響きを基準にして選んだものである。

このように美しいことばはひと筋ナワではいかないが、逆の美しくないことばを考えて、それ以外はすべて美しいとすることもできる。美しくないのは、聞いた人が不快に感じることばである。不快とまではいかなくても耳ざわりなのは美しくないことばになる。普通、それに気づいていない人がきわめて多い。ちょっとしたことば遣いを改めるだけで、その人のイメージが一変したりする。

なにがいけないのかというと、くり返しである。不必要な反復は相手によい感じを与えない。同じことばを立て続けに使わないことだ。使わなくてはならないときは変化を加えるのである。

たとえば、ハイはよいことばであるけれども、ハイ、ハイと二度言うと、不《ふ》承不承《しょうぶしょう》の感じが出てしまって美しくない。ハイわかりましたならよい。

口ぐせに気をつけよ

ある落語の名人が、

「どうも、この、同じことばをくり返すのがよろしくないようで……」

と言った。テニヲハのようなものでも同じ音が立て続けに出ると、耳にひっかかっておもしろくない。

「○○がありましたし、△△がおりました」

では、あとの「が」は「も」にならないとまずい。

ふだんはめったに本を読まないような人たちからも読みやすい、わかりいい文章だと人気のあったある作家がいい文章を書くコツを聞かれて、

「同じことばをくり返さないことです。同じことばが出てくると、文章が後戻

りしたり、停止したようになります。私は一枚の原稿用紙に同じことばを二度出さないように心がけています」

と答えた。

日本語は文末に動詞が来るきまりになっている。うっかりしなくても、である、である、であった、であった、がいくつも並ぶことになるから、文章を書く人はひそかに変化をつけるのに苦心する。

「である」とすべき文を「であろう」と変化させるのも、語尾の重なるのを避けるためである。かつてある日本語のできる外国人が、「である」とすべきところを「であろう」とするのは正しくない。こういう「であろう」は外国語に翻訳できないと言って、日本人の心胆を寒からしめたことがある。この外国人は「であろう」が「である」のヴァリエイション、つまり変化で、実際的には同じであることがわかるほどにはよく日本語ができなかったのである。

英語でも、同じ動詞が続くときは、ヴァリエイションで変化させ重複を避けている。同音、同語の反覆がよくないというのは国際的共通意識だと見てもよい。

くり返しと言えば、口ぐせのことばがある。日本語を覚えはじめたある外国人は日本人がしきりに、「やはり」「やっぱり」と言うのでどういう意味かと日本人に訊《き》いたという話がある。ほとんど意味なく使用される。

「ね」「よ」「ので」などでことばを句切る人も少なくない。意味のない「アー」「エー」「アノー」を乱発する人も多い。口ぐせだから急には直らないが、美しくないのだということは知っておきたい。

何と申しましょうか

かつてアメリカの雑誌「タイム」が日本文化特集をしたことがあって、日本語のページに〝悪魔の言語〟という見出しをつけた。「タイム」が不思議がったことのひとつに第一人称がある。英語にはI（アイ）ひとつしかないのに日本語には、わたくし、わたし、ぼく、あたい、おれ、自分、われ、などいくつもある。

それよりもっとおかしいのは、そんなにいろいろあるのに、使わずに書いたり、話したりすることで、理解に苦しむというわけである。

日本語のことを知らないのは、仕方がないとしても、言うにことを欠いて

〝悪魔の言語〟とはひどい。外国人に弱い日本人は、そんなことを言われてもロクに反論しなかった。

英語では、Iを使わずに自分のことをあらわすことができない（例外は日記の中）。日本語は〝私〟がなくて一向に平気である。

「『おい』と声を掛けたが返事がない。……『おい』と又声をかける。……返事がないから、無断でずっと這入《はい》って、床几《しょうぎ》の上へ腰を卸した」（夏目漱石《そうせき》『草《くさ》枕《まくら》』）

一般に日本語ではなるべく第一人称を出さないようにするのがたしなみであった。文章の中でぼくが使われるようになったのはそう古いことではない。かつて目上の人に対してぼくと言うのは失礼とされたが、いまは珍しくなくなっている。私がていねいだが、すこし堅苦しいと感じる人もある。わたしは女性的でやわらかい。自分と言うのは旧陸軍の用語だったからというのでいまだに嫌う人がいる。自分史ということばが生まれたが、ほかには自分勝手、自分自身などがあるが自称ではない。

私ではなく私たちとした方が同じことでも謙遜《けんそん》の気持ちがこもる。かつて商売をする人たちは、手前ども、と言った。

意外にやっかいなのが家族間のことばである。わが子に向かって父親は、私、わたし、ぼくと言うのに照れるが、おれはすこし荒っぽい。窮余《きゅうよ》のあげく、お父さんになる。おかしいが、慣れればなんでもなくなる。

学校の教師もその伝で自分のことを先生と言っている。生徒の呼びかけを借りているのだが、古来広く用いられている。

ひと頃夫がミーで、妻のことをユーと呼ぶ若い夫婦があった。その間に生まれた子にユミ（由美）という名をつけたかどうかわからないが、いつの間にか少なくなったようである。

相手によって変わる一人称

日本語の第一人称がいくつもあるのは、相手によって使い分けようとするからであろう。相手を指す第二人称も第一人称に劣らず面倒である。いちばん多く用いられているのが、あなた、だろうが、目上の人には使えないことを心得ていないとまずい。

さきの戦争中に「父よあなたは強かった」という流行歌があった。父親のことを子があなたと呼ぶのはけしからんという声もあった。戦争でことばが乱れたのかもしれない。いまでも、親のことをあなたと言うのに抵抗があるだろう。

かつて、夫は妻のことをオイと呼んだが、女性の反発でほとんど姿を消した。その代わりがあなたである。夫婦平等にあなたと呼び合っているのは平和である。

関西の人はあんたをよく使うが東京ではぞんざいな感じになる。

きみはぼくと対になる男ことばだが、学校で女性の先生が男児を呼ぶときに使うようになって、「○○クン、キミは……」とやる。かつては呼び捨てで「お前は……」であった。

第一人称、第二人称とも使い方が難しい。「私たちはあなたの出席を心から待っています」といったカタコトの案内を書く若い人がいる。英語のまねのようなことをするからいけない。「ご多用中、はなはだ恐縮に存じますがお繰合わせの上、ご出席賜りますようお願い申し上げます」のように、人称を落としてしまえばさっぱりする。銀行が「あなたの口座へ……」という通知をよこす。「貴口座」とすればいい。

ことばは保守的なのが無難。

語尾のイントネーション

「日本語はずいぶんおとなしいことばですね。すこし生気に欠けるような気がします」

と言ったのは日本へはじめてきたというイギリス人だった。東京オリンピック（昭和三十九年）の開会式で日本側要人のあいさつを聞いたのである。もちろん意味はわからないが調子はわかる。スポーツの祭典にはいくらか不釣合だと言いたかったのかもしれない。ことに高貴な方の日本語はもの悲しげな調子であった、とつけ加えた。大観衆を前にしてしゃべることに日本語は慣れていないのである。

変化はしかしその後間もなくおこった。

大学紛争が荒れて、ヘルメットをかぶった大学生が絶叫して人々を驚かせた。なによりその口調が変わっている。しゃべっている内容よりその調子につよい刺激を受けた人が多い。

「われわれはアー帝国主義的大学をォー粉砕してェー……」

といった風に、語尾を長く引っぱるのである。ちょっぴり尻上《しりあ》がりで、ピンピンはねている調子で、「生気がない」どころではない。元気がありすぎる。

もともと日本語の語尾は弱く、うっかりすると聞き取れないほどであるから、学生たちの叫びはまさに革新的であった。いまから考えると、発声法を知らない弁士たちは、語尾でひと息入れていたのかもしれない。続けてはとても息が続かない。

一般の人たちは絶叫を聞き流して、その調子がどこから始まったのかに興味をもった。諸説があってはっきりしたことはわからないが、京浜地区の学校の教室がもとだというのが有力だった。

こどものことばの語尾が弱く、聞こえにくい。語尾を大声ではっきりさせよう、と先生が教える。

「きのうーわたくしはァー、公園でェー……」

といった調子を奨励するのである。こどもがいつとはなしにその口調を身につける。それが大学生になって花を開いたというのである。

もうひとつの起源説もやはり教室がらみである。英語の授業で、指名された生徒、学生が、訳文を言う。区切りで休み休み訳していく。「彼はーそこでーしばらく滞在したがー」といった具合である。区切りごとに、すこし尻上がりになる。ヘルメット演説によく似ている。どこか自信のなさ、不安を秘めているように感じられるのも共通している。

移行する日本語

大学紛争はやがて、夢のように消えてしまうが、そのときの語調は生きのびた、というより、新しい口語調になってしまった。さすがに年配の人たちはいくらかためらいがあり、違和を覚える向きが少なくないが、若い世代ではどんどん広がっている。区切りごとに上昇イントネーションで、母音を引きのばすのである。

「それでェー、それからァー、いろいろとォー考えてェー……」

ひと言ひと言たしかめるかのようで、この頃、階段をのぼっていくのに一歩一歩、道をふみしめる人を連想する。

日本語は区切りでは下降イントネーションが普通だったが、はっきり上昇語調であるところが新しい。

語尾を引き伸ばしているところで、ひょっとすると、その先のことばを選んでいるのかもしれない。相手の反応を見て話の流れを変えるのは、日本語の癖とするところである。論理が怪しくなるのもそのせいであるが、和のコミュニケーションは日本語のくせであって、あいまいな言いまわしなどと通じるところがある。

面接試験で、老教授から、

「そのテー、ラー、トーという話し方をやめてくれたまえ」

と言われて、女子学生が、

「それではァー、言えなくなりまーす」

と答えたという話がある。

立て板に水、のような話し方はもともとあまり喜ばれなかったが、こういう、区切り区切りに力を入れて話す新しいスタイルがあらわれたのは、日本語が、室内中心のことばからアウト・ドアーのことばへ移行しようとしているのを暗示するかのように思われる。

たかが語尾、というなかれ。

うるさい大声

「始まってもザワザワとおしゃべりをしている。おまけに席につかずウロウロしているものもある」

どこかだらけた学校の教室のことかと思ったら、最近の国会の本会議を伝える文章だった。おやおやと思う人も多かっただろうが、別に驚くこともない。

全国の大学が学生たちの私語に悩まされるようになったのは昭和四十年頃からである。はじめは女子学生に多かったのが、たちまち男子も感染し、男女の共学の実をあげるようになった。

講義が苦痛だ、へとへとに疲れるという教師が少なくなかった。

「教室の私語を禁ず」と、学長名で掲示を出したところもあったがもちろん効き目はなく、教室の私語は当たり前になった。恥ずかしいことだと考える学生はいまはいないかもしれない。

家族でテレビを観《み》ているときはめいめい勝手なことをしゃべる。〝うるさい〟〝静かに〟と注意することもない。テレビほどもおもしろくない講義を黙って聴いていられるか、と学生は考える。

そういう人たちが社会の中堅になって、選挙で選出した議員たちである。本会議が始まっても私語を止《や》めないのはむしろ当然のことで、驚く方がおかしいのである。しかし、やはり名誉な話ではない。

人が話をしているときに口をはさんではいけないのは常識である。すこし改まったところなら、発言者の話の終わったところで、司会者の許可を得て発言する。途中でさえぎるようなことを口走ったりするのはたいへんな無礼である。いまはそれがだんだんわからなくなっている。

親しいもの同士、わいわいがやがやしゃべるのはたのしいものだが、大声はまわりの迷惑になる。ある横町の飲み屋の並んでいるところで、電柱に「近所が迷惑です。静かにして下さい」というはり紙がしてある。席が空くまで道路で待っているグループのおしゃべりのすごさが目に浮かぶ。

かつて日本へ来ていたイギリスの外交官が親しい日本人に「日本はいい国だが、犬の鳴き声と、すこしアルコールの入った人の大声にはまいった」と言ったという。大声は国際的定評がある。

弱い者ほど……

どうもマイクのせいのようだ。ろくに使い方も知らずにマイクを使う。つまり、マイクなしで話すのと同じ声でしゃべるから、とんでもない大声になる。駅のホームのアナウンスなど、わけがわからないくらいの大声である。盛り場の呼び込みの声も神経を逆なでする。さすがに、選挙の街頭演説ではマイクの声を気遣って、マイクにガーゼを当てたりする。

大声ではテレビも負けていない。毎日聞いていると、慣れてしまって、うるさいとも思わなくなる。それどころか、元気のよい大声は人気がある。声が小さくては観てもらえない、聴いてもらえない、と思っているのか。

弱い犬ほどよく吠《ほ》える。人間も実力のある人、強い人は、声を張り上げたりはしない。大声を出さなくとも人は聴いてくれる。自信があれば、騒ぎ立てる必要もないのである。

こどもが大声で、高い声を出すのも、こどもが弱いからである。自然の知恵のようなものであろう。もの売りやテレビのコマーシャルが不必要に声を張り上げ、ふり絞るのは、はしなくも、自分たちの弱みを暴露していることになるのかもしれない。

それともうひとつ、劣等感をもっていると、人は早口になる傾向がある。地方から都会へ移住し、慣れないことばを使うようになった人たちが、早口になる。自分のことばに自信がないから、間がもてないのだろう。そういう親たちのせいばかりではないが、いまのこどもはおしなべておどろくほど早口である。その心理的影響がすこし心配である。

たとえそうはできなくても、静かにゆっくり話すべきであるということを心得ておくのは現代の教養である。イギリスのチャーチル元首相は「大声で話すと、知恵が逃げ出す」と言った。

スモール・トーク

一杯やりながら仲間とおしゃべりしているのをはたで聞いていると、おそろしく騒々しい。めいめい勝手にわめいている。たいてい上司の棚おろしか、そこにいない人の噂《うわさ》である。

ホテルのコーヒーハウスでお茶を飲んでいるご婦人は、こどもの学校の先生の評判や、タレントのゴシップに嬌声《きょうせい》をあげる。しゃべっているご本人たちにはいいストレス解消だろうが、はた迷惑で見苦しい。

用のないのに口をきくのは無駄口で、はしたない、と教えられた社会で育って、用件のないときの話し方を知らない。なにか話題がないと話がはずまないというので身近な人の噂をする。この頃は健康にいいモノについてのおしゃべりがふえているが、人の陰口よりはましだ。

人に会って、のっけから、

「さっそくですが……」

などと用向きを切り出しては、無粋な人だと思われる。いかにも自己中心的な人間だという印象を与えかねないが、そこまで気を配るゆとりに欠けるのが多い。

あいさつ抜きでは失礼だと、日本人は昔から思ってきた。たとえばカネを借りようとするとき、ぶっつけに、

「いくらいくら、貸してくださいませんか」

などとやるのは、いくら乱暴な人でも考えない。はじめに世間話をしたり、相手の喜びそうなことを前置きにするのでなければ、借りられるものも借りられない。

英語ならカネのことを話すのはなんでもないが、日本語ではどうも言いにくい、と日本語のよく話せるイギリス人が笑った。

手紙でも、はじめに、

「風薫る季節となりました。ごぶさたしておりますが、お変わりございませんか。当方おかげさまで元気にしております」

などというあいさつがあってから「さて」として、本題に入るのが作法である。

外国の手紙が、出し抜けに用件をつきつけてくるのが、うとましく感じられる。日本人ならはじめての手紙には「突然お手紙を差し上げます失礼をお許し願います」くらいのことばを添える。

無用の話のたのしさ

ところで、用があっても手紙は書かないで電話ですますのが現代である。用のない手紙〝平信〟のたのしさを知る人は少なくなった。用件などない手紙をやりとりする相手があるのは人生の幸福だと言ってよい。

それと同じで、用のないのに話すほどおもしろいことはない。必要があって話すのは仕事であって楽しかったりするわけがない。気のおけない相手と、用もないのに会ってしゃべるのは精神的健康にもたいへん効果がある。

かつての井戸端会議も、たのしくてためになったはずである。純粋にたのしむおしゃべりだが、男にはそれに当たるものがなかった。飲み屋の集いがひょっとするとそれに近いかもしれない。ただ、話題がいただけないのは、市民文化の浅いせいか。

たわいもない、罪のない話をしてたのしむことを発見して、ヨーロッパでサロン、イギリスでクラブというものが生まれた。

われわれの国にもクラブ、サロンを名乗るところはあるが、だいぶ様子が違う。

クラブで話される無用の話のことを英語でスモール・トークと言う。四方山《よもやま》話である。浮世離れてはいなくても、山のかなた、差しさわりのない空談なら、透明なおもしろさを味わうことができる。

若い人は元気にまかせて、ビッグ・トークはできても、ぐっと抑えて淡々としたスモール・トークは望めない。大人になると、その心にくい味わいがわかる。年はダテにとらない。

この頃美しい日本語を大切にしようと言われるが、美しいことばは必ずしもたのしくない。美しいことばが花なら、楽しい話はダンゴのようにおいしい。飲み屋の集まりも、スモール・トークをサカナにすれば、本式のクラブに近くなる。心あるビジネスマンはすでに、スモール・トークの妙を心得ているように思われる。

第二章　遠慮・思いやりのことば

〝ください〟は充分にていねいか？

乗りものの中ではときどき、おかしなことばに乗り合わせる。

まだ東北新幹線のないころ、東北本線の特急が上野へ近づくと、車内放送が乗り換えの案内を始める。終わりの方になって「カンコウデンシャにお乗り換えの方は○番線へおまわりください」と言う。カンコウデンシャといえば、観光電車だろうが、上野からそんなものが出るのだろうか。首をひねる人は少なくないが、たいていは聞き流して気にもとめない。カンコウ電車は緩行電車のことだった。急行や快速ではなく各駅停車の普通電車のことを部内ではそう呼んでいたのだろう。苦情が出たのだろうか。間もなくして消えた。

これも以前の話だが、飛行機も難しいことを言った。電子機器を使用すると、コウホウケイキに影響するから、使用を控えてくれと言うのである。コウホウケイキって、なんだろうとみんなが思ったが、気恥ずかしくて訊《き》けない。どうして後方の計器だけに影響するのか不思議がった人もある。これは航法計器だった。こんなことばを一般の乗客に使うのは野暮《やぼ》だ。

かつてバスに乗ったら、たいへん混雑している。立ちんぼうで揺られていると、マイクの声が「走行中は立たないでください」と言うからおどろいた。立つなと言ったって座れないじゃないか、冗談ではない。いくらなんでもおかしいとあとあと考えて、やっとわかった。お年寄りなどが走っているとき席を立つと危ない。止まってから立ち上がってください、ということだった。立つ、ではいけない。立ち上がる、あるいは、席を立たないで、とすべきである。

「大阪の○○さんおりましたら八号車車掌室までおいでください」というアナウンスを流し続けていたのは東海道新幹線である。開業以来ずっと改めることなく、民営化でようやく止《や》んだ。

〃おりましたら〃が問題である。「私がおりましたら」ならていねいだが、「○○さんがおりましたら」は誤用である。いらっしゃいましたら、でないといけない。「○○さんがおりましたら」というようなことばを聞かされた乗客は何千万もいたはず。みんなおとなしく聞き流していたのだからおもしろい。

駅のホームのアナウンスは昔から騒々しいことで親しまれているが、むやみと大声でわめくから、半分も聞きとれない。よくわかるのは「電車が来ます」くらい。かんしゃくもちな人なのであろう。「来るにきまっている。来なくてどうする」と叫んだ。

当世風の言いまわし

この頃は、よく電車が遅れる。急いでいるときに限って、止まる。どこそこで「人身事故が発生いたしましたため、ただいま、全線で運転を見合わせております」とくる。「見合わせる」はだれが考えたのか知らないが、この場合、うまい表現である。ただ、ちょっと様子を見ているというニュアンスがあって、急ぐ乗客の神経にさわる。ノンキなことを言ってくれるなという気持ちになる。

「ホームと電車の間が広くあいているところがあります。ご注意ください」と言うのは親切だが、いかにもこども扱いされているようだという人もある。終わりの「ください」のためだ。

だいたい「ください」が多すぎる。「ください」は命令形であって、目上の人には使えない。対等の間柄でも強すぎることがある。

この頃の学校では、こどもに対して命令形はなるべく使わない。「提出せよ」は論外、「提出してください」も敬遠、「提出しましょう」と言うのが当世風である。そういう教育を受けたのが「ください」と言われて愉快なはずがない。

「ご注意ください」については旧国鉄、宇高連絡船があったころ、船が入港するとき、頭上、足もとが「あぶのうございます」と注意した。客はいい気持ちだった。「ご注意ください」とは雲泥《うんでい》の差。

「お乗り換えください」よりも「お乗り換えです」の方がすっきりしている。「お乗り換えになります」でもよい。「お待ちください」と言いつけられるより「お待ち願います」くらいにしてもらった方が落ち着く。

現代はやさしいことばを好む。

さまざまな〝様〟

殿がいいか、様がいいか、が問題になったことがある。三十年近く前のことだが、それまで自治体などが住民宛《あて》に出す通知は殿ときまっていた。ところが、殿では堅苦しい、威張っているようだという声がふえて、様に変えるところがあらわれ、続々、それに続くのが出た。他方、様では公的な感じがはっきりしないといって殿を使い続けるところもあって、それを殿様論争だと皮肉った人もあった（殿と様とでは、どちらがエライのかと迷っている年配の人がなお存在する）。

病院が患者のことを、さんづけではなく様と呼び出したのは殿様論争よりずっとあとのことで、まず大きな病院から、さんの代わりに様をつけて呼ぶようになった。それまで、山田さんと呼んでいたのが山田光雄様とフルネームに様をつけた。苗字《みょうじ》だけだと間違うおそれがあるかららしい。注射や血液検査、薬の受け取りのたびにいちいち確認させられる。

そうしているうちに患者様という新しい呼び方があらわれたのである。それまでの患者さんでは、ていねいさが足りないというサービス向上の意識がはたらいているように思われる。かなり広まっているようだが、この頃見直しの動きもあるらしい。患者様という言い方を記事にした朝日新聞（二〇〇七年五月二日夕刊）によると、一部の大学病院などがこのことばに「違和感」があるとして、患者さんへ戻すことを検討していると伝えた。

患者様と言われた本人たちの中にも「バカにされている感じがする」と言う人もいて、患者様の旗色はよくない。サービスの気持ちが伝わらないのが不思議だ。

粗末なベンチに何時間も待たされるのでは、患者様などともち上げられても、うれしくないのか。病院としては本当のサービスにはカネも人手もかかるから、とりあえず、タダのことばでサービスしようというのではないか、患者はひがみっぽいから、そう勘ぐる。

ことばの姿としても患者様は座りが悪い。人の名前につく様はよいが、一般の名詞には様がつきづらいのである。病人様とは言わない。ご病人様ならよい。依頼人様ではまずくて、ご依頼人様となる。お客様はよく熟したことばだが、客様はない。

乱れた敬語

こういう〝お（ご）……さま〟はしっかりした語法になっているから、ご苦労さま、お疲れさま、ご馳走《ちそう》さま、ご愁傷さま、など、いろいろのことばがある。患者様に「違和」があるとすれば、頭に、おかごがついていないことによるだろう。もっとも患者様には、どちらもつけにくいから困る。

患者様がいやだったら、患者の皆様とするほか手がない。皆様が堅く、皆さまはややくだけて、みなさまがもっともソフト。

企業が株主に対する呼びかけはずっと株主各位ときまっていたが、近年、ここにも変化があらわれて、株主の皆様がふえた。やはり株主様はない。各位の位をいかにも階級的のように受け取る人もあれば、そもそも各位の意味も知らない人が少なくないのでは、各位が消えるのはいたし方ない。

様が多用される背景には敬語の乱れがある。パーティーの招待に、「外山様のお出でを私たち心から希望しています」などという珍文が舞込む。敬語を生かして、「ご多用中とは存じますが、何卒ご来場賜りますようお願い申し上げます」とでもすれば、様も、私たちも出さなくてすむ。病院も敬語を勉強すれば、患者様といった無様なことばをさらけ出さずにすむはずである。

それとは別だが、様がよほど好きだと見えて、先生様という宛名の手紙を書く若い人がいる。ひなびた老女が先生さんと言うのなら趣もあるが、一人前の人間が、口にしてはおかしい。

近年、様にコマーシャリズムの匂《にお》いのすることが多くなった。この点で、デパートは先覚者で、いち早く、「どこそこの何々様に申し上げます」という館内放送などで客の心をくすぐった。バカにされていると思う客はなかった。デパートはことばのサービスに熱心だが病院もその仲間に入れるかどうか。患者様はその試金石となる。

ことばはやさしくわかりやすく

NHK新会長がテレビで就任のあいさつをするというから聴いた。話し始めたと思ったら〝コンプライアンス〟という語が飛び出したから、これはいけないと、スイッチを切る。

コンプライアンス（法令遵守《じゅんしゅ》）はいまのところ業界用語である。企業出身でことばの教養が欠けていて、なにかと行き届かないところがあってもいたしかたもないが、せめて就任のあいさつくらいは言論機関の長らしく、もっと考えてほしかった。あんなことば遣いをするのは視聴者をないがしろにするものだ。

その昔、日本放送協会は標準日本語普及を使命としていたはずである。会長が半分わけのわからぬカタカナをふりまわしてはいけない。

一般マスコミももうすこしことばを大事にしてもらいたいし、受け手にやさしいことばを心がけてほしい。こなれないことばをむやみに使用するのは努力不足である。威張っているのは見苦しい。すべての人にわかる、できれば美しいことばに、もっと神経を使ってほしいと消費者は望んでいるのをご存知ないのか。

外来語、カタカナ語を乱用するのは怠けであり、相手を小バカにして、わからなけりゃわからん方が悪いという思いあがりがあって不届きである。いまの日本人はおしなべてことばの教養が不十分で、ものをよく考えないから、あいまいなことをカタカナ語で誤魔化して恥ずかしいとも思わない。自前のことばがないとすれば、借りてくるほかないが、それを恥じる心をなくしては困る。

明治の日本はおびただしい外来語が入ってきた。そのままの原語ではわからないから、細工は流流の訳語をこしらえた。おかげで文化的属国にならずに済んだ。大学の講義が母国語でできるようになったのは日本がアジアでは初めてである。訳語で漢字の本場中国へ輸出したものが驚くほど多い。

花よりダンゴ、いまは金のことばかり熱心で、文化はほっておかれる。知的独立自尊を忘れているが、それを自覚するのは変わりものだとされる。

社会が変化する以上、新しいことばが必要になる。外国のことばがあれば、借りてカタカナで意味不明のまま用いるか、さもなければ新しく造語するほかない。新語ができるのは喜ぶべきである。

かといって、わけのわからぬことばはいただけない。意味不明のことばは公害の一種と心得るべきなのに、そう思わぬ人が多すぎる。

たとえば、このごろ一部で、トリセツという新造語が出廻って、「英文法のトリセツ」などという学参もあるらしい。トリなら鳥と関係があるのかと思うが、さにあらず、取扱説明をおしつぶしたことばだというからびっくり。

もっとキテレツなのはＫＹ。何のことか、人名のイニシャルかと思ったら「空気が読めない」と読むらしい。マスコミが面白半分に活字にするから普通の人間は気を悪くする。

ユーモアをこめて

昨年ほど製品、食品の不祥事が多かったことはないように思われる。それをひっくるめて〝偽装〟としたのはマスコミの手柄である。もとからあることばに新しい意味を託した、準造語でたちまち流行語になった。ことばの匠《たくみ》であるはずの川柳がわれもわれもとこの語を入れた句を作ったはいいが、でき栄えがよくない。「衣食住すべてそろった偽装品」というのが、最優秀のようである。川柳ならもっとおもしろくユーモアで料理すべきところで、工夫不足である。それでも、川柳は現代、ことばの最前線を行くものであるだけに、惜しまれる。

短歌、俳句に比べると川柳は目ざましいはたらきをしている。口語のやさしさに近づけない俳句、短歌はもっとやさしく、おもしろいことばを生み出してほしい。

いやでもことばを考えるのは、命名である。人名のことは別にして、会の名称などでおもしろいのがボツボツある。

ある知的談話会はモンジュールを名のる。文殊と、フランス語のボン・ジュールをかけて、モンジュール。文殊のような知恵を出す意をにおわせた。ユーモアである。

電話は相手本位

　気軽に電話、電話というけれど、上手に電話をかけられる人は意外に少ない。悪気はなくても相手にいやな気持ちをさせているのに、それに気がつかない。だいたい電話をかけるのは難しいもので、作法があるということを教わったこともなくて、一人前のつもりでいる。

　手紙を書くのは面倒だから、電話ですますというが、まっとうな電話をかけるのは、手紙を書くより難しいかもしれない。手紙は時間をかけて考えながら書くことができるが、電話はとっさにものを言ってしくじりやすい。綸言《りんげん》汗のごとし、という。天子のいったん口にしたことばは、出た汗のようなもので引っこめることはできない、という意味だが、電話のことばも、ときに綸言の重みがある。そう思えばいい加減な電話はかけられない。ことに電話で仕事をしている人はかけ方に工夫がほしい。

一般に電話ははじめの三十秒が勝負である。ことにはじめての相手にはこの切り出しが厄介。かつてはモシモシとやったが、この頃は使ってはいけないという人もいる。

まず、自分を名乗らなくてはいけないが、顔を見ていない相手に自己紹介をどうすればよいか、なかなか難しい。所属や企業名を伝えるのだが、固有名詞は耳で聞いてわかりにくいから、つとめてゆっくり聞きとりやすく発音する。略称や通称は避けた方が無難だ。

もっともまずいのは、自分は名乗らずに、「だれだれさんですか」というような電話である。少なくはなったが、若い人にはいまも残っている。

用件は、あらかじめ整理しておいて、要点を洩《も》らすことなく、簡潔に伝える。

この頃は電話のそばにメモ台を置いている人が多いが、あまりこみ入った話は禁物である。間違いの心配もある。

そういうときは、あらかじめ手紙でおおよそのことを伝えておいて、あとから電話で相手の意向をきくというのが親切で、うまくいくことが多い。

少しの思いやりで電話上手に

いまは敬語が乱れていて、そのつもりはなくて失礼なことを言ってしまうことがあるが、電話では対面の会話よりいっそうていねいなことばを使うようにしたい。電話のことばは強すぎるのか、相手を傷つけやすい。会っているときは喧嘩しない友達が、電話だと言い争いになるのも、ことばのせいだ。

もちろん、くだけすぎたことば、新しく流行しているようなことばは遠慮する。「でーす」と語尾を引っぱる話し方は、目上の人には避けるのが常識である。文末に「ネ」をつける癖の人が多いが、あまりよい感じを与えないということは頭に入れておく。

だいたい電話はかける側の自己本位になりやすい。相手構わず勝手にかける。受ける側は手のはなせないことをしていても、ベルがなればほっておけない。出てみると、この間はどうも、というだけだったりする。相手の気持ちを疑ったりしたくなる。かける側にそれを察する想像力がないと大人とはいわれない。

「いますこしお話させて頂いてよろしいでしょうか」などと言われれば、多少都合が悪くても「どうぞ、どうぞ」と言うのが人情である。こちらのことを考えてくれているのがうれしい。

若い人は相手にお構いなしで、夜中でも平気で電話する。ごく親しい相手なら別だが、普通は、朝は午前八時以降、夜は午後八時までが電話の時間。ある教師は、生きるか死ぬかの問題でもない限り非常識な時間に電話をすることを学生に禁じたという。

知らせの電話でも、いい話なら、日を選ばないが、香《かんば》しくない知らせは、なるべく週末、休みの前がよい。アメリカではそう教えているらしい。心も軽い週末ならいやなことでも耐えやすい。なんとなく気の重い月曜の午前中におもしろくない電話を受けるのはつらいにきまっている。頼み事ならきいてもらえない。

お互い、とかく自分本位になりやすいが、電話はとくにそうだ。相手本位の電話がかけられたら、それだけでりっぱな大人である。

会話の中の漢語

「何が原因でしょうか」

患者のおばさんが訊《き》く。医師が、

「カレイですよ、カレイ」

とひと言。おばさんはびっくり。どうして先生は私がカレイ好きなのをご存知なんだろう。店先で見かけると買いたくなる。魚がいけないなんて、いくらなんでもおかしい。ひょっとするとカレイライスの食べすぎかもしれない。カレイライスにも目がない私だから、こちらのカレイだろうか。いずれにしても、私の好物をお見通しとは恐れ入る……。

そう思いながら帰って家のものに話すと、大笑いになった。

「それって、加齢だよ。年寄りと言っては悪いから、わかりにくい加齢ということばを使ったんだよ」

これは別の話。あるとき二人の紳士が、「この頃コウエンへ行く人が多い」ことを話題にしていた。ところが、どうも話が嚙《か》み合わない。しばらくして、一方が、

「われわれのコウエンはすれ違っていますね」

と言って笑った。一方は講演、他方は公園のつもりでしゃべり合っていたのである。

同音異義のことばがおびただしくあるのが日本語で、うっかりしなくても、さきのような混乱がおこる。漢語にはよほど注意しないといけない。

たとえば、コウガイには、公害のほかに、口蓋、光害、後害、校外、港外、梗概、鉱害、慷慨、構外などいろいろあり、頭にさす笄だってコウガイである。

日常の会話をしていて、コウガイがどのコウガイかを聴き分ける必要がある。ぼんやりしていると混線する。

新聞を見ていると、うしろのテレビのニュースが「バカの値上げ」と言っているから、びっくりして見ると、字幕は「麥価の値上げ」だった。米価と言うから麥価のどこが悪いかと言われるかもしれないが、麦の値段とした方がおだやかである。いまの農業関係者は骨っぽい、難しいことばが好きなようである。素人《しろうと》にはわかりにくいことばを平気で使う。

「ことしはシュッスイがおくれて作柄が不良です」

などと言う。出水などおくれた方がいいのではないだろうか。そんなことを考えると、とんでもない勘違いでシュッスイは出水ではなくて、出穂のことなのである。やさしく「穂の出るのがおくれたから」などとしては、近代農業の専門性をそこねることになるとでも思っているのだろうか。

やはり漢語表現に関係するのが近年多くなった。〝的〟のつくことばである。

ただ、「距離」でよいところを「距離的」と言い、時間がかかるのを「時間的に遠まわりになる」と言ったりする。その他、経済的、生活的、教育的、家庭的などいろいろな名詞につく。

発達の仕方が影響

かつての女性は、〝的〟のつくことばをまず口にしなかった。話しことばではなく、観念的な印象を与えたのであろう。教育が普及したせいもあって、いまの女性は何の抵抗もなく〝的〟のつくことばを使う。よいか悪いかは別にして、どこか冷たい感じになるのは心得ていた方がよい。

はじめての辞書らしい辞書「言海」を作った大槻文彦《おおつきふみひこ》は、〝的〟のつくことばを嫌い、一生、用いたことがなかったと言われる。

〝的〟はもともと中国語で「の」の意味をあらわす助辞であった。明治以降、

英語の -tic のつく語の訳語として使われた。もとは書巻の気が濃厚である。口語では、泥的（泥棒）、取り的（下積力士）のように、低いニュアンスがある。

そのことと関係があるのかないのか、近ごろ若い人たちの間で、

「私的としては……」

という言い方が広まっている。〝的〟がいよいよ日常的になってきたのかもしれない。

もともと日本語は書くことばと話すことばが別々に発達してきたから、会話の中の漢語はわかりにくくなりやすい。私立をワタクシリツ、市立をイチリツと言ったりする例はこれまでもあったが、はっきりしない漢語には話しことばの説明を添えるのが親切だ。

目は口ほどに……

人の気持ちはことばにあらわれるのが普通だが、ときとしては顔つきの方が正直なことがある。口で心にもないことをしゃべっていても、顔にはちゃんと本当のことがあらわれる。顔に出る、顔に書いてある、顔色をうかがう、といったことばがあるわけだ。

その顔のうちでも、格別によくものを言うのが目だから、目は心の窓、などと言われる。

ポーカーをする人たちは手の内を気取られないように、トボケたり、無表情な顔つきをする。俗にポーカー・フェイスと言う。ところが、老練な人になると、それでも察しをつけることができる。たとえばいいカードが来れば、いくらポーカー・フェイスをしていても、目の玉、瞳孔《どうこう》が大きくなる。せっかく顔が隠しているのに目がバラしてしまう。

人前で話すのをいやがる人が意外に多い。ことに大勢の前で、壇の上に立つと〝あがる〟のである。高所へ昇るから〝あがる〟のではあるまい。ひとり屋上に立ってあたりを見下ろしても、〝あが〟ったりはしない。

聴衆から見上げられると、その視線がするどく話す人の心につき刺さる。それが圧力と感じられ、ストレスになって、緊張したり、固くなったりする。

目がストレスを与える

学校の先生が新しく教頭になると、不思議と体調を崩す例が少なくない。慣れない仕事で疲労が重なるのだろうと言う人もあるが、そうではない。まわりの人の見る目が変わり、注目されていると感じるのがストレスになる。それが高じて体がおかしくなる。

横並びの教員の世界で、ひとつ高いところに上がるとなれば、いやでも注目されるが、どちらかと言うときびしい目が向けられがち。デリケートな人は潰《かい》瘍《よう》性の病気になる。どういうわけか十二指腸潰瘍が多い。

人から注目されるのはありがたいようで、その実、しばしば怖ろしいことである。

オリンピックのたびに、メダル確実、などと期待されて出場したはいいが、もてる力を出せずに敗退という選手が出る。

マスコミなどの注目によって当人が金しばりになってしまうからだろう。ひと頃の報道はこういうとき、プレッシャーに負けた、プレッシャーに負けた、とやったものである。

山の中のおじいさんが訊《き》いた。

「プレッシャーはほんとに強いのう。どこの国の選手かえ？」

まったくプレッシャーは超人的強敵である。

そういう人気選手のかげに隠れて評判にもならなかった選手が思いもかけない好成績をあげることもまた珍しくない。怖ろしい強敵のいない試合に臨むようなものだから、楽勝だと言ってよい。

プレッシャーやストレスのもとになるような人の目は、たとえ善意のものであっても、なるべくは避けるのが賢明だが、浮世の人間にそんなことのできるわけがないだろう。よほど修行のできた人でも人目を無視して超然としているのは難しい。

そうだとすれば、目をかける側が心しなくてはいけないことになる。いくら励ますつもりであっても、相手を萎縮《いしゅく》させるようであれば、ヒイキの引き倒しである。それがいやだったら、そっと、知らん顔しているより手がない。

人と話をするには相手の目を見て話せ、と言われるけれども、よほど心たけき人でないと、互いの目がわずらわしい。別にやましいところがあるわけではないが、相手の視線がまぶしい。目のやり場に困って、あらぬところへ目を遊ばせる、というのは日本人として悪いことではあるまい。

二人で向き合って話すのは気づまりだが、何人かが車座になって語り合うのは楽しいという人が少なくない。世界に例を見ない座談会というものを考え出した菊池寛はさすがである。

目は口ほどにものを言う、と言われるが、目のことばは声にはならないけれども、心の奥まで届く。別に目を三角にしなくても目で叱《しか》ることはできる。そういうことを心得ていてこそ一人前の社会人である。

遠慮会釈《えしゃく》のあることば

ある企業での話――。

重要案件について担当の課長が役員に説明をすることになった。部長も同席する。

熱弁をふるった課長がしてやったりとばかり、いい気になっていると、部長がこんな注意をした。

弁舌さわやかなのはいいが、もっと相手を考えないといけない。仲間うちのおしゃべりではないということを忘れると、せっかくの能弁がアダになる。キミはネを繰り返していたが、いかにも押しつけがましく、第三者が聞いていても快いものではない。

絶対ということばも何度かあったが、これも強すぎて感心しない。おとなしく抑えた方が効果的になる。

手振りをまじえて話した部分もあったが、目上の人の前でははしたない感じで、美しくない。

熱心なことはよくわかるのだが、なれなれしいものの言い方のためによい印象を与えず、だいぶ損をしている。

ことばのセンスのすぐれたこの部長の注意は貴重である。いまどきこういうことの言える親切な上司、先輩はめったにあるものではない。この課長のようにめぐまれたら、ありがたいと思わないといけないのである。

経験で学ぶことばの距離

戦後、核家族化が進んで、お年寄りのいないのが普通のようになった。親子は上下関係ではないから、こどもはまわりに目上の人のいない環境で育つことになる。口のきき方を知らないのは当たり前である。世の中も、目上の人などというものを認めたがらない風潮が強いから、いよいよ改まったことば遣いがわからない人がふえることになる。悪気もなく、ぞんざいなことばを相手構わず振りまわす。いかにも乱雑である。

目上の人には友達ことばは失礼になるというのは、理屈ではなく感覚の問題である。口で教えてもわからない、経験で身につける知恵のようなものだ。たとえば課長が社長にものを言うとき、鼻つき合わさんばかりに接近してはいけない。アメリカのような平等社会でも身分が違えば違うほど間合いを大きくしなくてはいけないことを知っている。

社長室へ入った新人社員は入ってすぐの壁ぎわで、かしこまってものを言うのがよいとされる。親友なら社長の机に腰をおろすこともできる。〃敬遠〃は、相手を避けるのではなく、距離によって敬意を表すのである。ことばでは敬語や婉曲《えんきょく》な言いまわしなどで、その距離感を表現する。

日本語で敬語がよく発達しているのは、もともと、この敬意の距離に敏感であった文化の名残である。日本人はアメリカ人ほど相手に近づくのをはしたないように感じる。

尊敬もしていない相手に敬語を使う気がしないという若ものがいるが、長上に対して、なれなれしい口をきいて平気だというのは未熟さである。

はじめの部長は、ネが押しつけがましくていけないと注意したが、ネに限らず、ヨ、サなど文節末につくことばは、いまはほとんど意味がなく口調でつけられていることが多い。仲間うちで頻用されるためもあって目上の人には厭味《いやみ》に聞こえたり、失礼になったりする。口ぐせになっていることが多いから、切り換えは容易ではないかもしれない。

近頃の日本人はおしなべて大声になり、不当に強い表現を好む傾向があるが、それをうとましいと思うのが大人の感覚である。

絶対、断然、全然などがそれほど強いことばだと感じられていないらしいが、〝超うまい〟などと言われると、かえってうすっぺらな感じになるのに気づかないといけない。

いくら乱暴な人でも上司と会うのに腕まくりをするようなことはすまいが、ことばに関しては腕まくりのようなことばを使って平気である。ことばの文化は服装ほどには進化していないのかもしれない。

ことば遣いは相手を考え、遠慮会釈のあるのが一人前である。遠慮会釈もなしにしゃべるのは自分の顔に泥を塗るようなもの。ことばを慎まなくては損だ。

親しき仲の遠慮

近ごろ仕事でかかわり合いのできたところの人から、真紅の封筒の手紙を受け取った。向こうは男性、事務的通信にこんな封筒を使うとはなにごとか。ずいぶん腹が立ったが、注意するわけにはいかない。それほど親しくないからだが、親しくてもやはり注意は難しいだろう。遠慮である。

Kさんは技術者で、すぐれたアイディアは談笑の間に生まれるという信念をもっている。先年、優秀な後輩数名と語らって、研究談話会をこしらえ、月一回集まって意見を交換することにした。

ところが、いつまでたってもおもしろい会にならない。Kさんは悩み、いろいろ考えて、自分に対してほかのメンバーの遠慮があるからだと気がついた。談論風発を妨げているのが自分であるというのは、つらい発見であった。

さっそく会を解散しようとして考えた。みんなの会を勝手につぶすのは横暴である。そんなことはできないが、会は止めたい。

そこで、自分だけ〝抜ける〟ことを思いつく。会がおもしろくないのは自分に対する遠慮だから、自分がいなくなれば会はよくなる。それで自分だけ消えると伝えた。それを聞いた面々、あっさり承認したが、あとで、見捨てられたのだとわかったという。Kさんは遠慮の人なのである。やんわり会をやめた。

遠慮があっては思う存分なことが言えない。遠慮はよろしくないけれども、他方、遠慮がないと人を傷つけることになる。

そういうKさんの話を聞いたYさんは思った。われわれは朝、家を出て夜帰るまで、遠慮の連続ではないか。上役はもちろん、同僚にも気兼ねしてものを言っているのは哀れだ。この頃の若ものはことばが乱れていると言われるけれども、これでもちゃんと遠慮しているのである。それで勤めがうっとうしくなる。

そのYさんが言う。

「ときどき、無礼講をやろうじゃないか、ということになりますが、思ったほどたのしいことはありません。相手構わず勝手なことを言い合っていて、ケンカみたいになることもあります。それほどでなくても、いやな気持ちになることが少なくありません。親しき仲にも礼儀あり。昔の人はやはりうまいことを言ったと感心します。遠慮のないことばはトラブルのもとだと思います」

甘くなる礼儀

Nさんはベテランの同時通訳者だが、遠慮は対面する相手、第二人称に対するもの。その場にいない第三人称となると、ずっと小さくなる、と難しいことを言う。敬語が主として第二人称に対して用いられ、第三人称にはずっと少なくなるのも当然である。Nさんはまたこんなことも言った。

「同じ第二人称で対面しているときは社交の原理がしっかりはたらくけれども、電話になるとすこしゆるんで、遠慮も少なくなります。それで電話でケンカになる友達が少なくないのです」

手紙はいち早く発達した第二人称通信である。

昔のある文学者の話。雑誌記者が訪ねてきて原稿依頼をした。先生は快諾《かいだく》してくれる。編集者がほかの用を足して夜帰ってみると、先生からの速達が届いている。「先刻承知いたしました執筆のこと、再考の末、辞退いたしたく……」とあってびっくり。対面しているときは遠慮もあって言いにくかったことが手紙なら書けるのである。

(それにしても、昔は速達がそんなに早く届いたとは)

一般に手紙は面談よりも遠慮が少ないから、それだけに失礼になりやすい。

そうならないように、手紙の作法がある。かつては、候文《そうろうぶん》という擬古体が常用された。戦争までは、候文の通信が標準的であって、企業間の通信はすべて候文であった。

戦後は、ですます体の手紙になって、混乱、まっとうな手紙の書ける人が少なくなって、なんでも電話ですまそうとなった。この頃ファックス通信や電子メールがふえたが、なお、洗練したスタイルがなくて味気ないことになっている。

デモクラシーの社会でも礼儀は必要だろう。遠慮は礼儀のあらわれ、無遠慮は失礼である。

第三章　あいさつの難しさ

ナシのつぶて

ナシのつぶて、ということばを知らない人が多い。そういうことがなくなったわけではなく、あまりに多くなり、とくにことばがいらなくなったのである。投げた小石が返って来ないように、手紙などの返事の来ないのが、ナシのつぶてで、果物のナシと無しをかけたしゃれである。

ある人が小さな会をすることになり、案内を出した。会合の日時、場所は知らせたが、出欠の返事を、とは書かなかった。当然、来るものと思ったのである。

ところが、出席と知らせてきたのは五人中二人。あとはウンともスンとも言ってこない。郵便の不着ではないかと案じて待ったが、返事がない。仕方なく電話で聞いてみると、黙っていれば出席になると思ったから、そのままにしていた、というような答えだった。この幹事は、返事をよこさなかった人たちの人柄に疑問を抱いたそうである。ちょっと大げさか。

もっと始末の悪い、こういう例もある。

ある学会の全国大会のときのこと。開催する大学では出席者に宿泊の斡旋《あっせん》をすることにして予約をとった。ホテルや旅館を手配して当日を待った。ところが、来るはずの人が無断でほかのところへ泊まってしまい、大騒ぎになる。事務局の関係者が私費でホテルなどに弁償するハメとなった。これならナシのつぶての方がまだましだ。

よそからものをもらって知らん顔をしているのは少しも珍しくない。送る方もデパートなどに頼むことが少なくない。別に案内を出さないのが普通になった。かつてはこういう贈り物を〝送りつける〟と言って受け取らなかった人もある。いまは黙って頂戴《ちょうだい》するかわり、礼状も出さない。電話でお礼を言えばいい方である。お礼は電話では充分ではないという常識はいまの人には通じないらしい。

礼状は封書にするのが正しいが、親しい間柄なら、はがきでも、失礼だと思われることはなくなった。

ものを送って、いつまでも着いたと知らせてこないと、届いたかどうか、送った側としては不安になるが、問い合わせるのは、いかにも礼を催促するようで、はばかられる。

とうとう我慢できなくなって、聞いてやると、「たしかに届きました。おいしく頂きました」などと、すまして答える。いまどき、ものを贈るのも楽ではない。

とくにこれといった用事のない手紙を書く人はほとんどなくなってしまったが、もらってうれしいのはこういう手紙である。受け取ったら、なるべく早く返事を出すのが礼儀である。ほうっておいては、あいさつのことばをかけられて、そっぽ向いているようなもので、たいへん失礼に当たる。それくらいのことは、大人なら心得ていそうなものだが、いまはどうも……。

招待を受けてご馳走《ちそう》になったら、必ずお礼の手紙を書くのが作法であるけれども、これもいまはすっかりすたれてしまった。

ある老人が、若い人を十名招いて、ご馳走した。あとでお礼を伝えてきたのはたったのひとり。あとはみんな沈黙である。招かれて迷惑だったのかと、老人は気をまわした、という。

こういうときは、礼状を書くものだと誰からも教わらなかったのであろう。それなら、どうしようもない。書いた方がよさそうだとうすうすは感じても、はがき、封筒、便箋《びんせん》、切手が身のまわりにないと、ついそのままになる。一人前の社会人は、通信用品をまとめて身近なところに置く。こまめに手紙を書くだけでその人のイメージはぐっと違ってくる。

あるアメリカの女性がロンドンで生活して、一番驚いたのは、イギリス人が実に筆まめなことであった。

別居している独身の息子がときどき両親のところへ来て食事をともにする。息子が帰ると、両親はめいめい息子宛《あて》の手紙を書く。息子の方でも、帰ると、その夜のうちに、両親へ礼状をしたためる。

それが普通になっているイギリスはやはり大人の国だと感心してこの婦人はニューヨーク・タイムズに一文を寄せた。ナシのつぶてに慣れてしまったわれわれの驚きはさらに大きい。

あいさつの心

関西の大学へ来ていたアメリカ人教師が、日本の人が意味もなく人にぶつかるのを不思議がって、大きな駅のコンコースで衝突調査（?）をした。広々としたところで、ぶつからなくてもよいのに、わざわざ接近、接触するのにそのアメリカ人は驚いた。アメリカなら、ただではすむまい、と書いている。

このアメリカ人は、ぶつかることに気を取られて、見落としたことがある。体が触れたのに知らん顔で行ってしまうのには注目しなかった。ひと言、詫《わ》びればいいのに、黙って行ってしまう。

道路を歩いていると、目の前を横切って行くのがいる。もちろん知らん顔である。すれ違いざまに、カバンをぶっつけられることも珍しくない。ハンドバッグの角金などに当てられると、目から火の出るほど痛いが、失礼、と言われることはまずない。なにをぼやぼやしているのか、という顔をされることはある。

英語では、たえずExcuse me.（ごめんなさい）が交わされるようだが、われわれのことばでは、「すみません」「失礼しました」はめったに耳にしない。戦後のドサクサにまぎれてか、あいさつのしつけが忘れられた。クルマに乗るようになって、あいさつができなくなったのだ、と言う人もいる。

勤め先の同僚に朝会ってもあいさつしない新人が新人類と言われて話題になったのは、もうずいぶん前のことになる。さすがにこの頃はすこしましになったようだ。しかし、一般にあいさつがよくなったとはとても言われない。人とぶつかって黙って行ってしまうなどもあいさつ荒廃の一端である。

人と人が接近、接触すれば、必ず心理的摩擦が生ずる。あいさつはそれを抑える潤滑油のようなはたらきをするから、どこの社会でも古くから半ば常識になっているのである。あいさつの乱れが人心の乱れを反映することもある。手紙の冒頭で、時候のあいさつをのべるのが礼儀とされてきた。「梅薫る候、益々《ますます》ご清祥のことと存じます」など、心にもないことを書くのはいやだという若い世代は、外国を真似《まね》ているつもりかどうか、のっけから「ズバリ用件を申し上げます」などとする。あいさつ抜きは寒々しくいかにも失礼だと感じるのがこれまでの日本人である。

あいさつ下手の日本人

手紙に限らず、あいさつは、相手の安否をたずね、健康を願うやさしい心から発していて美しい。手紙に時候のあいさつを書かない外国の人は折にふれてグリーティング・カードを交わす。日本人はあいさつ状を書いて、それだけでは足りないと思うのか、プレゼントを贈る。

会合、パーティーでもはじめにあいさつのあるのが普通だが、お座なりのことが多く、耳を傾けるのは例外的だと言ってよい。話す人聴く人ともに、あいさつの心に欠けているのであろう。

心のこもったあいさつは聴く人をたのしませる。笑わせられれば最高だ。アメリカではそう考えられている。そんなこともお構いなしの日本人のスピーチは、食べたものの消化によくない、胃の薬をもって行け、というブラック・ジョークをこしらえたのもアメリカ人である。

大きな国際会議などでは、はじめのあいさつ、オープニング・アドレスが注目される。会が成功するかどうかも、このあいさつにかかっていると言う人さえある。あいさつ下手の日本人は損をする。

あいさつの心は、相手を立て、たたえ、喜んでもらうことにある。仕事をし

てもらったあと、

「ご苦労さまでした」

はよくなくて、

「お疲れさまでした」

でもいけない、と言われ途方にくれた人が少なくないが、相手を見下すようなところがあって、あいさつの心に欠けるのである。

相手の心をほぐすのにユーモアが有効であることは、日本人も古くから心得ていたらしい。俳諧《はいかい》は日本風のユーモアで、その心はあいさつにあった。たかが、あいさつ、だが、ときに人間の価値にかかわる。

サインできますか

毎日来る郵便物の七、八割はダイレクト・メール、広告宣伝の類《たぐい》である。忙しいときなど、とても付き合ってはいられないから紙屑《かみくず》箱へ直行となる。私信があると、やれ、うれしやと思う。別に用のない手紙だと、仕事をほうり出しても、ナメルようにして読む。この頃は、そういう便りまでワープロ、パソコンで打ってあって淋《さび》しい思いをする。ひどいのになると手書きの署名がない。

すこし前の話だが、名の知れた大学教授がサインなし、名前まで印字した書状を方々へ送ったことがある。これでは信書にならないことをこの先生は知らなかったのか。手書きより活字の方が権威があると誤解していたのであろうか。肉筆のサインというのからしておかしいので、サインは肉筆にきまっている。そのサインのないものは信書ではないということを、さきの先生のように、もののわかっているはずの人たちでも知らないのが「美しい国、日本」だから、哀れと言うほかない。

明治以降、われわれの社会はいわれもなく、活字、印刷をありがたがってきた。話に聞いたことは信用しなくても、印刷してあるとダマされたりする。そういう活字好き印刷信者にとって、ワープロやコンピューターはかっこうのおもちゃで、多くがとりこになって、手当たり次第、印字にして喜ぶ。手書きは旧式、略式で小ぎたないように思われ出した。

商売でもないのに、年賀状を何百枚と出す人が少なくないが、文面はすべて寒々とした活字である（いちいち手書きができますか、と言うだろう）。もちろんサインはない、印刷した名前はあるがそれでは署名にならない。したがって私信ではない。ハガキは信書でないのだから、それは構わないが、手書きの文字がないと、いかにも事務的、殺風景な感じになる。それを心配する人がほとんどないのだから、天下泰平。

印刷した年賀状でも、すこし工夫すればサイン可能である。住所（右）と電話番号（左）に間をあけて空欄にして印刷すれば、そこへ自署することができる。ボールペンはまずい、萬年筆で書く。サイン用の萬年筆は別にきめておかないといつも同じ文字にならない（アメリカ人が、女房と萬年筆は他人に貸すな、と言うくらいだ）。

サインしたら、ついでのこと、一行でも二行でも何か書き添えるだけで、空々しいあいさつにも血が通う。そういう心配りのある年賀状は多く見ても一割くらいで、あとはほとんどダイレクト・メールと選ぶところがない。

気持ちをこめた署名

手紙やはがきの差出人のところを手書きにしないで、ゴム印を押すようにしている人が少なくない。それはいいのだが、名前まで印にしてある。サインがないのに平気なのはおもしろくない。

これも、署名するところを空欄にしたゴム印にすれば解決する。私自身、四十年前から、そういう印を使っている。同じような印を使っている人もたまには見かけるが、同士はきわめて少ない。

ひょっとすると、われわれには自分の書く字を恥じるところがあるのかもしれない。人に見せられるような字が書けないとひそかに気に病んでいる人は案外多い。

企業の決算報告書のはじめのところに社長の写真があって、署名もある。もちろん、印刷になっているが、もとは手書きである。さすがに見苦しいのはないが、もうすこし何とかならないかと思うものはある。いいサインのできる社長の会社はイメージがよくなる。社長になるには、りっぱなサインができるように心がけるのがたしなみであろう。

一般のビジネスマンも、サインをおろそかにしては困る。その人の人柄、イメージにかかわるかもしれないだけに、自分の名前は美しく書けるようにしたい。

ハンコの信用が揺らぎ始めているが、サインがハンコの代わりにはならないで、運転免許証などで身分証明しなくてはならない現状はおかしいのである。サイン社会になるには、心をこめて署名する習慣の確立が先決である。

人にやさしいことば

久しぶりに会った人から、

「お痩《や》せになりましたか」

とあいさつされる。相手はれっきとした紳士である。ひょっとすると、気づかずにいるが、どこか悪いところがあるのか、と一瞬、不安になる。いやな気持ちだ。

「お疲れのようですね」

を平気で口にする人も少なくない。いたわりのつもりだろうが、聞く方は、疲れたなどと思っていないことが多く、よけいなことを言ってくれるな、と内心、反発することが少なくない。

仕事などをしてもらったあと、

「お疲れさま（でした）」

と言うのは、ごく自然のようだが受ける側では、えらそうな口をきくな、と思うことがないとはいえない。それで、これが禁句のようになった。それだけことばのセンスが鋭くなったのだろう。

帰りの遅かった子に母親が、

「ずいぶん遅かったわネ」

と言って、ケンカのようになることもある。子にしてみれば好きで遅くなったのではない。うるさいことを言ってくれるな、という気持ちだから、素直になれない。親としては心配といたわりのつもりでも、聞く方では非難と感じる。刺すことばになるのである。

病院の待合室は患者であふれんばかり。みんなでじっと待っている。この頃は、呼び出すのに「○○様」とていねいである。いたわりの気持ちが感じられる。小さな医院などはまだ「さん」が多い。

ところが呼ばれた患者が礼儀知らず、返事をしない。二度、三度呼ばれて、知らん顔で、ぬっと立ち上がる。手をあげるのはよい方である。病人だから仕方がないが、呼ばれて返事をしないのは失礼である。相手をいやな気持ちにさせるというくらいは忘れてはいけないだろう（さんざん待たされたあげくだ。「さま」と呼ばれたって返事もしたくないというのかもしれない）。

やっと診察室に入れてもらうが先生はひどく難しい顔で、つぎつぎ患者のあらわれるのが気に食わないのかと患者は恐縮する。

ひと言でいい、

「長くお待たせしました」

と言ってほしい。そうすれば、どんなに患者は明るくなるかしれない。モンテーニュが「よく笑わない医者はよく治さない」（『随想録』）と言っている。昔からドクターは不機嫌だったのだろう。

患者が病気をもったものではなく、人間だと思ったら、あいさつは欠かせない。それがわからないのはおくれた医療である。

別に悪気はなくても、人を傷つけることばはいくらでもある。いちばんいけないのは、人から聞いた話をそのまま該当者に伝えてしまうことだ。

「△△さんが、あなたのことを金にきたない人間だと言っていました」

こんなことを聞けば、言われた人が怒るだけではない。伝えた人も傷つけ、はじめに言った人に迷惑をかける。陰口でなくとも第三者のことは気軽に言われるもので、そのまま直接話法で当人に伝わることは考えていない。そのままに伝えれば、みんなが傷つく。それで壊れる人間関係がどれくらいあるかしれない。

噂《うわさ》のような話は聞いても胸にしまっておくのが心ある大人であって、まかり間違っても、当人に伝えてはいけない。他言は無用である。それを弁《わきま》えないえらい人がうようよしている。とても言霊《ことだま》のさきわう国とは言われない。

〝ここだけの話〟と念を押されるとよけいに話したくなるのが人情だが、ぐっと抑えて他言しない。そうすれば、口の堅い人間だと信用されて、大事なことを打ち明けられたり、難しいことを託されたりするようになる。

『徒然草《つれづれぐさ》』も言うように、思うことを言わないのは、「腹ふくるるわざ」、つまり気持ちのよくないものである。それだけに、迷惑になるようなことはいっさい話さず胸にしまっておくのは、たいへんな自制である。それはいずれ社会的にも評価されるだろう。

近年、しきりに美しいことばと言われるけれども、人を傷つけない、人にやさしいことばは、美しいことば以上に大切である。

スピーチって、なに？

ひと知れずスピーチで苦労する人がいる。

結婚披露宴会場の厨房《ちゅうぼう》で、コックたちが口々にぼやく。

「長いね。いつまでやってんだ。料理が冷めてしまうじゃないか」

「スピーチとスカートは短いほどいいね」

「なーに、なけりゃ、もっといい」

スピーチというものが、よくわからずにしゃべっているのだから、長くなるくらいのことは我慢してもらわなくてはならない。

もともと日本にはスピーチに当たるものがなかった。福沢諭吉が古典の言葉を借りてきて、スピーチを演説と訳したのだと言われるが、適訳ではなかった。演説とスピーチは違うのである。少なくとも、今の日本語では、演説をスピーチとは言わない。

しかし、スピーチは演説と同じように、長くないと重みがない、あまり短くては失礼になると思っている人はかなりいるらしい。もちろん、短い話をするのが、どんなに難しいか、知る由《よし》もない。

アメリカ歴代の大統領の中でもとくに話のうまかったとされるウィルソン大統領が、「二時間の話なら、いますぐでも始められるけれども、三分間のあいさつだったら、用意にひと晩はかかる」という意味のことを言ったのは有名である。

そんなことを知らない日本人は、会の直前になって、「ちょっとひと言」と言われると、気軽に引き受ける。いよいよ立ち上がって、しゃべる段になっても、何をどう言えばいいのか、はっきりしていない。それでも口は動くのである。話しているとはずみがつく。出まかせみたいなことを早口でしゃべるが、ブレーキがきかないから、オーバーランとなって、聞いているものをうんざりさせる。

改まった席でのスピーチを頼まれたら、よほどよく考えないといけない。ことに慣れない人はまず書いてみる。風を入れて読み返し、手を加える。再編である。さらにそれを推敲《すいこう》して定稿にする。そしたらこれをよく頭に入れ、当日はそれを忘れて会場へ赴く。

スピーチの心得として、まず心がけなくてはならないことは、長くならないこと。そのためには、あらかじめ、出だしと締めくくりのことばを考えておかなくてはならない。終わりがとくに難しい。

ついで忘れてはいけないのは、スピーチはおもしろくないといけないことである。だらだら自分のことを話したりするのは論外。短いスピーチでも、一度は聞いている人が笑ってくれるようなことを言いたい。これが難しいのである。

そのかわりユーモアのある話は聞いた人の心に残り、話し手のイメージをよくする。

大きなパーティーで、会社の幹部がずらりと並び、社長、専務という順にスピーチをすることがある。ときに例外はあるが、社内の序列の高い方ほどスピーチがまずい。企業を代表してする役員たちのあいさつがお粗末では会社の逆宣伝をしているようなものである。

一人前の話ができなかったら、幹部はスピーチライターに頼んで原稿を作ってもらう方が会社のためだろう。しかし実際、そういうスピーチライターがいるという話はあまり聞かない。テレビのCMにはコピーライターがついているが、記者会見をする役員の談話はテレビCMに劣らない影響力をもっている。そんなこともわからないほど、スピーチは軽視されているのである。

そこへいくと、同じ会社でも若い人はうまい話をする。ただ、スピーチの教養（?）の乏しい悲しさで、下品な笑いを得意になったり、差しさわりのある暴露をしていい気になったりする例が少なくない。

スピーチはあいさつの一種で、社交的なものだから、人に不快の念を与えるのは禁物である。たのしいのが最高。

聞く側のマナーもよろしくない。スピーチを聞きながら、隣と私語する人がいる。

文字ばかりありがたがってきたせいもあって、スピーチって、なに？ と考えたこともない人があまりにも多い。

ことばの過《あやま》ち

「……たいへん役不足ではありますが、せいいっぱい勤めさせていただきます」

新任のあいさつで、こんなことを言うから、びっくりした。

この人、役不足ということばの使い方を知らないのだ。もともと役者などが与えられた役に不満であるというのが役不足で、役が軽すぎるときでないと用いない。

はじめのあいさつは「たいへん不本意な役ですが、せいぜい努力します」ということになっておだやかでない。

この役不足ということばがどういうわけか、〝及ばずながら（力不足ではありますが）〟と誤用されるようになって、ちょいちょい聞かれる。別に驚くこともないが、さきのあいさつにハッとしたのは、しゃべったのが、つい先ごろまでりっぱな大学の学長だった学者だったからである。大先生まで、悪貨の侵すところとなったのか、と。

誤ったていねい語

ところ変わってデパートの食品売場へ行くと、売り子が「ご利用ください」と声をはり上げている。エレベーター、エスカレーターなら利用できるけれども、タクアンは利用できない。「お買い求めくださいますようお願い申し上げます」とのんきに言ってもいられないし、「いかがですか」「どうぞ」では迫力不足。してみると「ご利用ください」は窮余《きゅうよ》の名文句なのかもしれない。

テレビのコマーシャルが「〇〇〇〇円でご提供いたします」などとくり返す。相手が提供するのなら、ご提供だが、自分がするのにご提供はない。自分の書くのをお手紙というのとわけが違う。いつまでも続けているところを見ると、案外、ご提供が気に入っている人が多いのであろう。語感がおかしくなっているのか。

食べ物を人に贈ったときの案内に「ご賞味くだされば幸いです」と書く人が少なくないが、いかにも、おいしいと思え、と言っているようで、おかしい。漢語を使いたかったら「ご笑納くだされば幸いです」。「お口に合いますかどうかわかりませんが」なら、やわらかになる。

もらった方は「賞味いたしました」でよいが、もうすこしていねいにと思ったら「賞味させていただきました」となる。

店などから贈り物をするときは、それが届く前に案内を出すのが礼儀だが、忙しい現代では、ほとんどすたれている。ものだけ送るのを、かつては〝送り付ける〟といって嫌った。

企業からの書類はたいてい「送付いたします」となっている。文字通り、送り付けてくるのだから構わないが、私用で、送付されてはおもしろくない。

銀行の預金を引き出すのを銀行は金を払ってやるように考えているのか、かつて「自動金銭支払機」という機械を据えつけて得意になっていたが、お人よしの預金者は腹を立てることもなかった。いまも銀行は引き出しを支払いと勘違いしている。

若い友人に本をやったら、礼状をよこしたのはいいが、「ご本は受け取りました」とある。気のおけない相手だったから、受け取りましたは、金貸しが金を返してもらったときのせりふだ。好意で送られたものを受け取るとは言わない。いただきました、拝受いたしました、などでなくてはいけない、と教えた。

気のおけない、といえば、こんな話がある。

ある課長が若い人から「気のおけない人」だと言われていると喜んでいたら、

気を許せない、という意味で使われているとわかってしょげた、という。

勲章を受けた人への祝電に「ご叙勲《じょくん》お慶《よろこ》び申し上げます」というのが普通で、電報文例にも出ていた。叙勲は勲章を与えることで元首の行為。受けるのは叙勲ではない。かつて私は電報文例の改訂を委嘱《いしょく》され、この誤用を正したが発行側に受け容《い》れられなかった。勲章をもらう受勲が、どこかで叙勲と混同されたらしい。

過ちは人の常、過ちを改むるにはばかることなかれ、と言われるが、ことばの過ちはなかなか改まらないから厄介だ。

たかが、あいさつ、されど……

「あいさつひとつロクにできない」

かつてはよくそう言ったものだが、この頃はあまり耳にしなくなった。みんながまっとうな口がきけるようになったからではなく、あいさつが、おろそかにされているのだ。

職場の人に対しても、知らん顔してあいさつをしない新人類が話題になってからずいぶんになるが、今はその二世が活躍している。

「若いものは口のきき方を知らない」などと嘆く年輩の人たちにしたところで、しっかりした心得があるわけではなく、危なく、ふらついていることが少なくない。

朝会ったら「おはよう」「おはようございます」くらいはこどもでも知っているけれど、昼どきの「こんにちは」になると、すこし怪しくなる。夕方以降の「こんばんは」には何となく抵抗があるようだ。

「暑いですね」「お変わりありませんか」「お久しぶりですね」などが普通である。大阪の「もうかりまっか」は愛嬌《あいきょう》はあるが……。

ときと場合によって、適宜、使い分けるのはなかなかホネである。そこで、何でも「どうも、どうも」で片づけることを考え出したのは、戦後も早い頃のサラリーマンであったと言われる。

会って、「どうも、どうも」、別れるときも「どうも、どうも」、ありがとうも「どうも、どうも」なら、逆の、すみませんも、やはり「どうも、どうも」ですむから、便利、重宝である。ひと頃はいささか乱用気味であったが、近年は、すこし下火になったようである。いかにも軽いと感じられるのであろうか。

はっきり嫌う人もいる。

町中で知らない人に呼びかけるときの適当なことばがない。「もしもし」ではおかしい。「ちょっと」では失礼だ、というので「すみません」を使う人が多いが、別に悪いこともしていないのに、なぜあやまるのか、と理屈をこねる向きもある。あいさつは理屈ではないが、「失礼ですが」なら無難だろう。この「が」を使えるのが、大人のセンスだ。

手紙のはじめに時候のあいさつをのべるのはわが国特有の習慣で、外国には見られない。そのせいか、この頃だんだん書かれなくなった。いきなり用件へ入る手紙がふえている。若い人には、歯の浮くような文句が美しいと思われないということもある。

手紙以上にやっかいなのが、電話のかけ方で、しっかりしたスタイルがないから、めいめい我流でやっている。親しい間だったら、あいさつ抜きでいいが、すこし改まったときや、仕事の場合には、工夫がいる。

うちにいると、毎日、セールスの電話が何本もかかってくるが、気持ちのいいのはほとんどない。早口で、ぶっつけ用件をまくし立てる。自分の所属、勤め先を曖昧《あいまい》に名乗るから、いかにもうさんくさい感じを与えるのである。うまい言い方を考えるのもビジネスのうちだろう。

人間関係の潤滑油

だいたい、あいさつはたんなる虚辞ではない。人と人とが接触すれば、必ず何がしかの緊張、心理的摩擦を生ずる。それを発散し緩和するのが、あいさつである。

広い意味で、あいさつのない社会はないが、まだ社会性を身につけていないこどもにあいさつができないのは是非もない。

あいさつを他人に対するサービスのように考えるのは間違っている。世間に見せている自分の顔を恥ずかしくないようにするためのたしなみである。

外国人留学生が「日本人は冷たい。もっといい人たちだと聞いてきたのに……」と言う。外国人への対応がわからず、日本人は自らのイメージを悪くしているのだろう。

宮崎県の諸塚《もろつか》村ではよそから来た人にも、村中の人があいさつをする。小中学生まで旅行者に「おはようございます」と声をかける。それに感心した人はいつまでも、さわやかな印象を忘れない。

だれでも、あいさつひとつで、好ましい印象を与えることはできる。そういうことばに注意しなくてはいけないということに気づくのが大人である。

あいさつ、人のためならず。

寒々しいあいさつ

「謹賀新年
昨年中はたいへんお世話になりました。おかげで、よい年を迎えることができました。ありがたくお礼申し上げます」

Kさんはこういう年賀状を出したあとゴルフへ行った。風呂《ふろ》で倒れてその夜のうちに亡《な》くなったのである。あとになって届いた年賀状を受け取ったものは言いようのない悲しみを覚え、Kさんの最期《さいご》のことばを反芻《はんすう》した。元気のよい文字がいっそう哀れである。印刷してあったらこれほど心打たれることもなかっただろう。もう何年も前のことだが、いまもフト思い出すことがある。

こういう年賀状はそれこそ例外的で、ほとんどが形式だけのあいさつである。出す側としても、何かとあわただしい年の暮に賀状を書くのはひと苦労である。年末に明けましておめでとうございますなどと書くのは一種の偽装ではないのかと毒づいたりしながら片づけることになる。

書く、というが、年賀状などのあいさつ状は、文面を印刷する。この頃はパソコン、ワープロで打つ。文字は〝書く〟ものではなく〝打つ〟ものになったと言う人がふえてきた。宛名《あてな》書きも打ってあるのが多い。

こういう手書きの文字のまったくない年賀状が流行しているからやがてすべて手書きのない年賀状になるかもしれない。しかしそれではいかにもわびしい。肉筆にはあたたか味がある。書き手の人間があらわれる。年配の人なら、宛名の字を見て差出人のわかるのが十人や十五人いて普通であった。印刷や〝打った〟文字ではことばに血が通わない。

古くから日本人はいわれもなく印刷されたことばをありがたがる癖がある。

それに手書きを恥じる人もいた。印刷してあると、頭から信用し、ひどい目にあうということも珍しくない。ハンコがものをいい、サインは認めないのもそのためである。

こういうわけだから、手書きのまったくない年賀状に驚くことがない。空々しく、寒々しい限りだが、なにごとも慣れてしまえば、なんでもなくなる。

手書きのあたたかさ

多くの年賀状でいちばんいけないのは、差出人の自署のないこと。自分の名前を印字にしてほっておくのは通信の基本にかかわる。差出人の自署がなければ私信ではなくなることを知らないのはあまり知的ではない。

そう言うと、年賀状はハガキで私信ではないから自署の必要はないのだという反論が出るかもしれない。たしかに、年賀状は私信ではないが、人間らしいふれ合いがなくては、そもそも、あいさつを交わす意味がない、活字ではあたたか味が伝わりにくい。

印刷したハガキでも、肉筆のサインをすることは簡単にできる。これは前にも書いたことだが、差出人のところを空けておけばよい。住所と電話番号の間にやや広い空欄をつくるのである。同居の家族も共有できて便利である（私は五十年来、そういう年賀状を印刷している。見倣《みなら》う人があってほしいが、ほとんど相手にされない）。

サインだけ、というのも淋《さび》しい。余白に、ひと言、相手にふさわしいことばを書き添えるゆとりがほしい。はじめのKさんほどでなくても、ほんの一行、二行で、冷たい文面に血が通う。もらった人はそういう賀状で心あたたまる思いをする。

その年、近親に不幸のあった人は年末に年賀状を欠礼するというあいさつをするのが習わしである。これがまた型にはまって味気なく冷え冷えしている。

インクの色も灰色で暗い感じである。受け取る側は複雑な気持ちになる。

それとは別に、すでに書いてしまったあとから、その欠礼のあいさつが届くのにも当惑する。出せなくなったハガキをどうするか。気が重くなる。

先年、ある人から、おそくなって欠礼のあいさつが来た。「……当方の賀状は控えますが、いただくのはありがたくお受けします。にぎやかなことの好きだった故人も喜ぶでしょう」には感心した。

工夫をすれば、寒々しいあいさつにも心が通うようになる。

第四章　変わりゆく日本語

タテヨコ

久しぶりに官報を見て、目を疑う思いをした。いつの間にか、紙面の様子が一変している。官報はタテ組みであるけれども、大量のヨコ書きが入っている。その組み方が尋常ではない。タテの欄にヨコ書きの記事を押し込んである。それがえんえん何ページにもわたっていて、見苦しい。つまりタテ書きタテ組みとヨコ書きタテ組みの混在である。こういう様式は世界でも珍しいのではあるまいか。公用文はヨコ書きにすべしというのは、昭和二十七年の内閣通達（訓令）による。その後公用文書はすべてヨコ書きになった中で官報はずっとタテ組みを通してきたが、それをおかしいと言う声もなかった。

時代が変わって、技術関係などヨコ書きがふえて、官報は困ったに違いない。どうしたらうまくタテ書きとヨコ書きを調和させせられるか。かつてない難問で、ゆっくり考えている余裕もないまま、ヨコ書きをタテ組みに印刷するという乱暴なことをするようになった。というのは第三者の想像である。

タテ書きとヨコ書きが同一紙面に共存するダブル・スタンダードは、官報だけのことではない。一般の新聞にも一部、タテ書きの中に、ヨコ書きをもぐり込ませている。写真の説明や小さな囲み記事などではおもしろい変化になる。版面が大きいからで、タブロイド判の官報には真似《まね》られない。

雑誌、週刊誌はいまのところヨコ書きはお嫌いのようで、一般読者向きのものでヨコ書きは専門的だというニュアンスを伴い、難しいと感じる読者が多いのを反映しているのだろう。

一般書籍でも専門書を除けばタテ書きが圧倒的。ヨコ書きの小説もあるというが普通の読者は見ることもない。国語の辞書でヨコ組みというのはかなり以前からある。

ことばに関心の強い人たちは、俳句、短歌がいつヨコ書きになるだろうかということに興味をもつ。立った俳句は寝た俳句とは味わいが違うはずである。

タテの美しさ

中国はことばについても急進的である。もとはすべてタテ書きであったが、いまはヨコ書きで一貫していて、詩文も例外ではない。タテは認められていない。

もともと漢字はタテ書き、タテ読みを前提としている。視線の流れに直角に交わるヨコ線が発達し、それで文字の区別もしている。(一、二、三、鳥、島、月、日)これをヨコに読むと横線が死んでしまって、読みづらくなる。中国はそういうことにお構いなしにヨコ書きを強行したのである。

欧米のアルファベットはヨコ読みのための文字だから、タテの線が重要である。（n、m、v、w）これをタテ書きにしようという人はあらわれない。合理的である。

日本はタテとヨコの共存を認めるところが、ユニークである。われわれは目に見えぬところでこの折衷主義に影響されているように思われる。

手紙、はがきをヨコ書きにするのはワープロ普及とともに始まったことだが、年配の人たちの間ではなお抵抗がある。現在、ヨコ書き前線は五十五歳から六十歳に向かっている。メールはもちろんヨコ書きである。やがてヨコ書き前線は消滅するだろう。そうなっても短歌、俳句は断乎《だんこ》として立ち続けるのだろうか。

日本語を読むにはタテ書きが合理的であるが、泣きどころは数字である。なにごとによらず数がものを言うようになり、数字の使われることが多く、また、大きな数字が多用される。戦前、萬《まん》という数は日常的ではなかったが、いまはごろごろしている。そういう数字をタテ書きするのが難しい。手書きだと、一二三が二二二と誤解され、一三が二二と間違われる。十三と書く人もある。算用数字をタテ書きにする様式は近年、新聞の発明である。一人を1人と書いて、ヒトリと読ませたいらしいが無理。2人もフタリとは読めない。3人ならサンニンでよい。18都市、25年間など二ケタ数字をタテ書きするのがふえてきたが、見づらい。

いずれにしてもタテ書きヨコ書き混用は見た目が美しくない。官報はその先端を往くものか。

現代アフォリズム

うちの近くに〝しばられ地蔵〟があって毎日のように早朝おまいりに行く。願いごとのあるものはヒモやナワでお地蔵さんをしばる。叶《かな》ったら解くのだが、しばる人の方が多くて、お地蔵さんだいぶふくらんでおられる。

いつ頃からか、朝早く訪れる人があらわれ、だんだんふえる。しかし、お地蔵さんのおまいりではなく、お寺へ参禅に来るらしい。近頃ちょっと知られているという。近くの地下鉄の駅から、やって来る。並んで歩いていても口をきくことがない。ちょっと異様な感じである。

お地蔵さんのとなりにガラス張りの掲示板があって、

「人間は自分に都合の悪い人を悪い人だという」

ということばが書かれている。住職の語録かどうかわからないが、気に入っているのだろう。何カ月も変えない。なるほどと思いながら書いた人を想像する。

この寺から歩いて数分のところにキリスト教会がある。同じように入り口の掲示板に、ことばが掲げられている。

「見よ、おとめが身ごもって男の子を産む　その名はイマヌエルと呼ばれるこの名は神は我々と共にあられるという意味である」（マタイ福音書一―二三）

われわれ外道には、ありがたすぎて意味が汲《く》み切れない。しかし〝悪い人〟より高い調子であることはわかる。

そこからかなり離れたところに小ぢんまりした寺がある。門前にはり紙が見える。

「苦労はいまが買いどき　あとになるほど高くなる」

気がきいているが、証券会社などのセールスの調子を思わせるところがおもしろい。「若いときの苦労は買ってもせよ」という古いことわざにはない明朗さがミソ。なにより押しつけがましくないのがよい。当世風といったところか。どこも、白紙に墨痕《ぼっこん》もあざやかに筆でしたためてある。キリスト教会も例外ではない。字に自信のある人でないと宗教家になれないのかもしれないと妙なことを考えるが、こういうことばは墨書に限ることを直感的に知っているらしい。みなさん、りっぱな字を書いている。

心に残ることば

「日経ビジネス　アソシエ」二〇〇七年十二月十八日号に、マメ冊子「みんなで集めた心に残る言葉」がついていた。〝みんなで集めた〟ところがおもしろい。一切、個人の名が出ていないのもすがすがしい。

「これから、いろんなことがあるだろうけど、寂しがるなよ」

は、高校卒業のとき国語の先生からもらった、という。

「おごってもらったら2回お礼を言え。おごってもらった時と次にその人に会った時」

こちらは中学の先生のことば。学校の教師は現代でも生徒に影響を与えることはできるのである。

「まず、相手を信じないと自分を信じてもらえない」

悩んでいるときに、後輩から言われた。

おばあさんが孫を励ましたことば、

「山より大きいシシは出ん!」

〝出ん〟の調子がいい。

「感謝に勝る能力はなし!」

には生活の知恵を感じる。普通気がつかないところである。

気のつよい〝女性上司〟の怒鳴ったひと言、

「あんたのやってることは、10人に聞いたら11人が『間違ってる』って言うわよ！」

は、ユーモアがある。職場のことばには笑いがほしい、と感じている人は少なくないであろう。

とくに印象深く、心ひかれる思いをしたのは、

「今日あなたが無駄に過ごした一日は、昨日死んだ人がどうしても生きたかった一日である」

だ。これがインターネットでアクセスしたホームページに載っていたというから、ホームページを見直した。

これら現代のアフォリズムは総じて、これまでの名言、ことわざなどに比べて長目である。さっそうたる口語調が親しみやすさを与えている。新しい生活の知恵がとび交っているような感じを受ける。通俗アフォリズムは花ざかり？

わかっていないこと

新聞くらい読めなくてどうすると思っている大学生たちに、どれくらい読めているかの調査をした教師がいる。

新聞の社会面のさほど長くない記事のコピーを配布。ゆっくり読ませてから引きあげ、別の用紙を配って、さきの記事のあらましを書かせた。

概略を正しくつかんでいたのは例外的で、だいたいがあいまいなことしか書けない。ことに記事の冒頭、固有名詞の並んでいるところがもっとも混乱していた。

おもしろいのは、あとで、よくわかったかという問いに、ほとんど全員が、よくわかった、と答えたというのである。

頭に入らないことを読んでも、わからないという自覚がない。これは、日本人の多くに認められる欠点かもしれない。日本で教えている外国人の教師がよく嘆く。質問はないかときいても、ない。わかっているのだろうと尋ねてみると、まるで、わかっていない、うんぬん。

日本人はわからないことがあっても平気である。いちいち質問するなんて、気恥ずかしくて……。

世の中の変化がはげしいから、新しいことばがあとからあとからあらわれる。新聞などが、ロクに説明もしないでそれを使うから、読者は消化不良になる。あるいは時代おくれになったという錯覚をもつ。わかりやすい表現を大切にすることをマスコミは心がけてもらいたい。

かつてフランスの国民会議が、外来語の使用を禁止し、使う場合はフランス語の言い換え、説明をつけるべしという法律を作って世界を驚かせたことがある。

フランス語のプライドということもあるが、わからないことばは用いない、というのは天晴《あっぱ》れ。

日本では、外来語、外来語もどき、カタカナ語、新造語、外国語が入りまじっていて目がまわるくらいだが、読み流しているから問題にならない。ことばはわからなくて当たり前と思っている人もいるのではないかと思われる。

近年は、経済用語がにぎやかだが、やはりよくわかっていない。たとえば、円高、円安。一ドル一一四円が一一五円になるのがなぜ円安なのか。高いではないかなどと幼稚な誤解をする人が、いまだになくなっていない。そもそも変動為替相場制が導入されたときにわかりやすいことばを作りそこなったのは報道関係の責任である。

イギリスでは新聞が、この変動為替相場制のことを、フロート（float 浮沈）と比喩《ひゆ》的に表現し、たちまち一般にも親しまれた（ガーディアン紙）。

われわれには多くの経済金融関係の用語はわからないもの、わからなくても仕方がないものとあきらめているところがある。

その弱点をついて、悪徳商法や詐欺《さぎ》がはびこることになる。うまい話、もうかる話だと、わけもわからないまま乗せられてしまって、あとで泣きを見るケースがおびただしい。見ず知らずの人間がもうけ話などもってくるはずがないという程度の常識もなければ騙《だま》されても仕方がないが、せめて、わからないことを聞きただすようにすれば、被害を受けずにすむかもしれない。わからなかったら、第三者に相談するのが実際的だ。

わからぬことに鈍感な人間が多いから、それをいいことにして、わざとわかりにくい表現をすることが広く行われている。たとえば、契約書。表には簡単なことしか書いてないが、裏に細かい活字で付帯条件や制限条項が記載されている。それをよく見ずに契約するのが多く、後々トラブルの原因になる。

最近は、製品、食品についてのトラブルが多発している。製造元は新聞に謝罪広告を出す。これがたいへん読みにくい。あるいはわざとそうしてあるのかもしれない。ごたごた、もってまわった言いまわしをしていて、本当に詫《わ》びているのかどうかも疑わしい。悪文である。

それでも善良な消費者は、腹を立てない。見てもわからないのに自覚していないからだ。

わからないことがわからない、というのは、日本人の知性の泣きどころであるらしい。

命名のファッション

こどもの名前をつけるのは思いのほか難しい。しゃれた名にしようとすれば、一種、創作だから、おいそれときめられるわけがない。しかも締切りがある。面倒だからというだけではなくかつては尊敬する人に名づけの親になってもらうのが少なくなかったが、いまは少ない。母親の考えがつよくなっているためらしい。散文的に、一郎、次郎、三郎とつけて行くのは少子化の時代、問題にならない。もっとも、将来、政治家にしたいと考える親は、投票のとき書きやすいからというので一郎とつける。一郎代議士が何人もいるわけだ。

親はいい気になって凝った名をつけたがるが、子はそのため一生苦労しなくてはならない。しかし、子を思う親心はいい名前にあらわれる。

もちろん命名にも流行がある。先年から、男子名に拓や翔の字のつくのが目立っている。おもしろいのは、男女の名前が、異なる原理に基づいている点である。男子の名前は漢字、その意味にこだわる。健太、拓也《たくや》といった命名だ。

女子の名前は、戦後、大きく傾向が変わった。ひとつは、漢字の意味を捨てて、仮名のように用いる方式である。梨沙《りさ》とか加奈《かな》のように漢字を万葉仮名になぞらえて、昭和仮名と呼ぶ人もある。静かなブームはなお続く。

もうひとつの変化は、さきの加奈のような名が好まれることである。由来、女子の名には五十音のイ列とウ列の音の組み合わせで可憐《かれん》さを表象していた。ゆき子、きみ子、ゆみ子などである。代表的な女子名の花子という名がどちらかというと珍しかったのは、ア列のハとナの音が並んでいるからである。

近年はその花子式の名前、ア列の音をもつ名に人気がある。かつては太めを暗示していると感じられていたのが、一転、好ましい音とされるようになった。

女性がか弱く、かわいいものであってほしいと願った気持ちが、小さな母音をふくむイ列、ウ列の好みになっていたらしく思われる。

時代をうつす名前

戦後、女性に対して、明るく、のびのび、大らかであってほしいという親の願望が、大きな母音をふくむア列音の美しさを発見したと言ってもよい。ひと頃、人気名ランキングで常時上位にあった、さやかなどは、三音すべてがア列である。加奈も綾香《あやか》も真奈もみな同じようにア列だけの名前。戦前にはまず考えることのできなかったことである。女性解放はいちはやく命名にあらわれていたのかもしれない。

それとは別にときのファッションにも敏感である。戦後間もない頃のラジオ・ドラマ「君の名は」が大流行。その後生まれた女の子が、ドラマのヒロイン真知子の名をつけられた。いかに多かったか、その子たちが、小学校へ入ってはっきりすることになる。

その後、結婚されたやんごとなき方にあやかって同じ名をつけた時期もある。どちらかというとファッション性の高い名前が多くなってきた。そのままで、粋な店の名になるのも少なくない。

男女とも、漢字中心の命名が一般的であるが、考えすぎると、こどもが迷惑する。好学の父親だったのであろう博士（ひろし）という名をつけられた人を知っているが、その名のために窮屈な思いをしたらしい。学者になり、博士博士となったりしては面倒と思ったかどうか、実業家になった。

それとは別に、見れども読めずという名前が少なくないのが問題である。人と会うときには名刺を欠かせない仕事をする人がきわめて多いのである。外国では名刺をあまり使わないといってしばらく減ったこともあるが、すぐもとへ戻り、ひところは高校生まで名刺を作るのが流行した。

日本人の名前は呼ばれることより、目で見られることを建前にしているから、音声文化がつよくなって、不便が出てくる。

新聞の死亡記事の名前は、仮名読みが添えてあるが、弔電を打つ人のためを考えてのことだろう。一般記事の人名には一切仮名がついていないから、読み方がわからない。それをさほど不都合とも思わないところに、日本の名前の特性があるのかもしれない。

ボディ・ランゲージ

手振り、ジェスチャーをまじえて話す人が少なくない。女性に多い。かつてはジェスチャーたっぷり、というのは半ば愛嬌《あいきょう》とされたけれども、この頃はうるさがる人がふえた。もともと目上の人には使わないのが普通である。

ジェスチャーは話すことばの助けをするものであるが、ボディ・ランゲージ（身体言語）は、ことばを伴わず、独立で意味や気持ちを伝える。

もっとも〝雄弁〟なのは目で、昔から、〝目は口ほどにものを言い〟となっている。目くばせ、ウインクもボディ・ランゲージである。

ポーカーをする勝負師はポーカー・フェイスをする。顔つきで手の内を気取られないようにわざと無表情を装《よそお》うのだが、目だけはゴマかせない。いいカードがまわって来ると、つい目のヒトミが大きくなる。目を見張る、大きくなる、刮目《かつもく》である。老練な相手はそれを読むのである。

ヌードを見ると、男性は無意識に目を皿のようにする。口では何も言わなくても、目を輝かして〝スゴイ〟というメッセージを発するのである。

目をあげて見上げるには敬意がふくまれていて、そうして見られるのが目上の人ということになる。見下ろせば目下である。

かつて学校の教師は生徒を見下ろして教えた。それには高いところが都合がよいので、教壇をこしらえた。教師はそこから教えて面目を保ったのである。

戦後、権威的でおもしろくないとして、廃止されてしまい、教師は〝教壇に立つ〟ことができなくなった。

かつては病院も患者に対してお高くとまっていたものだが、この頃すこし風向きが変わってきた。患者と呼び捨てにしないで患者様という。それだけではなく、待合中の患者に看護師が何かを伝えるとき、以前のように立ったままではなく、腰を落として患者の目線でものを言う。どこでもそうだというのではなく、いわゆるいい病院に限られるようだが、患者には、やさしさと感じられる。

相手に対する敬意は、距離に比例する。遠いほど敬意は大きくなる。地位の高い人と目と鼻の先で口をきいたりしては失礼になるのは、大人なら教わらなくても知っている。日本人はアメリカ人などと比べて、この敬意の距離が大きいようである。昔のこどもは、〝三尺下がって師の影をふまず〟と教えられた。肩を並べるのは不遜だというわけである。

容疑者の取調べをする係官は思い切って相手に接近しないといけない。間のテーブルを取り払って膝《ひざ》を相手の膝に入れるくらいにして追及すると自白へ追い込める、とアメリカの警官が書いている。

不正乗車を改札の駅員がよく見つけるものだと感心するが、切符で見つけるのではない（そんなことは不可能）、不正をしようとする乗客は、悪事をたくらんでいると挙動であらわしているから、それをチェックすればいい。

警察が挙動不審の人物を訊問《じんもん》して犯人をあげるのも、身体言語が〝やりました〟と自白しているのである。その読み方は職業的ノウハウだ。

シシリー島の国際的に有名なあるカフェでは、客の話すことばのできるボーイがつく。客が椅子《いす》にかけるまでの身振りで、イギリス人かフランス人、ドイツ人かを見分けてボーイ長がボーイを差し向ける。アメリカ人とフランス人は違ったボディ・ランゲージを発しているのである。

いくらか似た話が日本にもある。東京、新宿にかつて英語がわからないのに、外国人ばかり乗せるタクシーがあった。日本語を話せる人は、そうでない外国人とは歩き方が違うことをその運転手は知っていて、客にすることができた。ボディ・ランゲージを覚えたのである。

歩き方と言えば、この頃の日本人の歩き方は荒れ、乱れている。まともに歩けるのは少数派。靴音をひびかせ、大手をふって歩く。エスカレーターをかけ下りると造船場の鋲打《びょううち》のような音を立てる。ものを言うのは口だけではない。五体すべてものを言う。自分ではそれを自覚しないことが多くて、厄介である。

借用・引用・盗用

東京府と東京市が東京都になったとき（昭和十八年）、京都の口の悪い人が「東京は京都の名を盗んだ」とケチをつけたという話がある。ヒガシキョウトと読めるからであるが、これは盗用ではない。東久留米《ひがしくるめ》市（東京）、東大和市（東京）、東松山市（埼玉）は借用がはっきりしているが〝東〟をつけて、別名であることを示している。北海道にある広島町（現北広島市）、福島町ははっきり借用である。〝北〟がつかなくても区別できると考えたのであろう。

ニューヨークはイギリスのヨークの名前をとったものだが、ニュー（新）をつけて本家（？）に敬意を表した。

固有名詞は本来、それだけにつけられる名前で、同じことばがあちらにもこちらにもあるというのは不都合であるが、実際は同じものが少なくない。人名は地名よりはるかに固有性が乏しく、同じ名前がおびただしい。「君の名は」というラジオ・ドラマが大人気になったときに生まれた子が、ヒロインの名、真知子と名づけられた。

同じような気持ちで、新しい商品を命名したりすると、ほかの商品と同じ名になって、とんでもないことになる。たいていのブランド名は商標登録されていて、みだりにほかの使用を許さないからだ。

ビールではない飲料にビールの名を冠したら、すぐ差し止められ、ビアならよかろうと変更したが、それでもまぎらわしいとされた。商標になっていることばは一般のことばと違い私有である。経済価値をもっている。

ひとの書いた文章、著書から勝手に引用することを何でもないと思っている人がいまなお少なくない。ごく私的な引用、メモなどなら別だが、活字にして公表すれば盗用になるのである。最近も、新聞の投書の文章を引き写しにしたような小説を書いた作家が盗用を認めさせられたという報道があった。無断で引用すれば盗用になることを知らなかったのか。

こういう盗用を笑うことのできる人間は少ないのが現実である。研究者、学者と言われる人たちでもほかの人の著書、論文を、引用と断らないで、そっと地の文の中へしのび込ませるというようなことが決して例外的ではない。

著作権法を軽視した日本

そういう借用を禁じているのが著作権法であるが、わが国は明治以来、これについての認識が不足している。ある流行作家が、ある学者の著書を参考資料として、大量の引用、借用しながら、それを断らなかったので、著作権侵害の非難を受けた。そのときこの作家は「著作権法というものをよく知らなかった」と弁明した。

戦前は一般の人で著作権法を知るものはほとんどなかった。出版社ですら無視した。アメリカのベストセラーの翻訳を出版し、やはりベストセラーにした出版社がこの原著者、版元に無断でやったことがあるが、当時はどこの出版社も同じように翻訳書を出していたから、問題とはならなかった。

不法出版が横行したから日本は海賊出版国という悪名が欧米に広まっていた。

戦後、日本へ進駐したアメリカは、海賊出版の絶滅を使命のひとつと考えたようで、著作権侵害をきびしく取り締まった。外国の新聞から引用したのが無断であったとして槍玉《やりだま》にあがったこともある。ふるえ上がった出版界は、ときに法外な版権料を支払って翻訳を出すようになった。

著作権法は三百年前、イギリスで生まれたものである。著作者に著書、作品の所有の権利を認めるもの。著作者の経済的権利を保護するのが目的である。無断借用、盗用は違反として罰せられる。のち世界各国が著作権法を制定したが、日本は明治になってはじめて著作権法が導入された。周知徹底からはなおほど遠い。

一般の人間も、他人の文章、著作から一部を引用するとき、公表するのであれば、筆者、著者から文書による許可を受けなくてはならない、と心得ておくのが、作法である。

辞書を読む？

若手のセールスマンWさんは、毎夜、辞書を読みながら眠る。辞書を枕《まくら》もとに置くようになったのは、数年前、体調を崩して、毎週病院へ通うことになり、長い待ち時間にうんざりしたとき、大学の語学の先生が、時間つぶしに一番いいのは辞書を読むことだと言ったのを思い出したのである。

やってみると、なるほど待つのが苦にならない。もともと寝つきのよくなかったWさん、辞書を手にしているとすぐ眠られることも発見した。

その語学の先生は、ひまがあるとイギリスのポケット英語辞書を読むと言って、日本の辞書の作り方がおくれている話をした。

かつての国語辞書は「北」をひくと「方角の一、南の反対」などとしてあるが、これでは定義ではない。さきの先生愛用の辞書を見ると「春秋分の日、赤道に立って日没に面した人の右手の指す方向」となっている。これなら世界中どこへ行っても通用する。

この頃もっとも広く使われている「広辞苑」では「北」は「日の出る方に向かって左の方向」である。これだと、夏と冬では北がずれるではないか。やかましいWさんはちょっぴり不満だが、昔の辞書に比べればずいぶんの進歩だ。

家庭に大人用の国語辞書があるようになったのはそんなに古いことではない。かつては学校へ行くこどもの辞書さえなかったものである。みんな辞書はひくものだと思っていたから、わかったと思っていることばなど、ひくもの好きはない。さきの「北」などをひいてみるというのはよくよくのことである。辞書を作る側では、基本的なことばに大きなスペースを割くが、一般の人はそんなところをのぞくことすらしない。そういうところへ目を向けるのが辞書を読む人間だが、実際はごく変わった人に限られる。

Wさんの読み方は、ランダム方式、つまり開いたページを読む。ただ、別に気になることばがあれば、それを読む。

難しい日本語

ある外国人が「日本人はむやみと、やはり、やっぱりを口にするが、どういう意味か、きいてもわかる日本人はいない」と言っているという話をきいて、Wさんはさっそく愛用の「新明解国語辞典」を開いてみた。意味が三つある。①（何かしてみたものの）結果が以前（他の場合）と同じである様子。②違うことが一応は期待されたが結果的には普通に予測される通りである様子。③期待される所を裏切らない様子。やっぱりは口語。必ずしも明解な説明ではないが、それだけ厄介なことばだということだろう。ただ、右のほかに意味もなく口ぐせのように使われるのが洩《も》れている。

かつて、「象は鼻が長い」には象と鼻の二つ主語があって、一文一主語に反すると問題になったことがある。さきの語学の教師に言わせると、「象は」は主語ではなく、象について言うと限定をする副詞であるとする。「今日は天気がいい」の「は」と同じだと言うのだ。主語は「鼻が」である。

日本語の「は」と「が」が難しい。外国人にわからせるのはひと苦労である。「私が浦島太郎です」と「私は浦島太郎です」とではニュアンスが大きく違う。

また、外国語をもとにしたことばが誤解を招きやすい。教会で結婚した二人が神父の前で握手した。神父が「ふって、ふって」と言うのが二人には通じなかった。握手は「親愛の情を表わすために、手を握りあうこと」（新明解）では不十分。やはりふらなくてはいけないのに握手の文字につられたのである。もとは shake hands（「振手」）だ。一般の日本人には握手の習慣は少ないけれども、ふらない握手を外国でもしているのだろうか。

大正時代、「椅子《いす》に腰かける」とすべきところを「椅子に坐《すわ》った」と書いたといって詫《わ》び状を書いた作家がいる。日本式の坐るは英語のsitとは違うからだ。ところが、いまは「いすに掛けることも含む」（新明解）とされる。意味が変化したのである。

たえず辞書を開いているWさんは、ことばにうるさくなってきて、仲間からからかわれるが、ことばはおもしろいと思う。

ユーモアのセンス

「どなたとお話したらよいのか、教えていただきたいのです」
党首会議で福田康夫首相（当時）が民主党の小沢一郎代表（当時）にこう言った。本音は〝あなたとでは話になりません〟ということだから「教えていただきたい」というのは、ちょっとしたユーモアである。緊迫した情勢にあってなお、ことばを選ぶことのできるゆとりはさすがである。当の小沢氏はどうかわからないが、一般にそこを解した人が少なかったのは、ことばの感度がよろしくない。

戦後間もなくのこと、吉田茂首相が国会で野党議員を〝バカ〟呼ばわりして、世にいうバカヤロー解散に追い込まれた。

それより前だが、イギリスのチャーチル首相は同じように野党議員のことを〝脳細胞に重大な所見を有せられる議員〟とやって、評判になった。

そのチャーチルに、ある人が訊《たず》ねた。ロクに絵をかいたこともないような人が、名士だからといって美術展の審査員になっているのは、おかしくありませんか、というのだ。チャーチル曰《いわ》く、

「別に悪くないでしょう。私はタマゴを生んだことはありませんが、タマゴが腐っているかどうかはわかりますもの」

やっかいな質問をかわすにはユーモアに限る。かつてイギリスが不況にあえいでいたとき、経済学大家のケインズが記者団から訊ねられた。

「長期的に見て、われわれ（の経済）はどうなるのでしょうか」

大先生、おもむろに口を開く。

「長期的に見れば（ひと息いれて）われわれは、みんな死んでおるでしょうな」

第二次世界大戦が始まったときイギリスのシンガポール要塞《ようさい》司令官はパーシバル将軍であった。開戦前、

「ジャップが一ダース来おっても英兵一名で撃退して見せる」

と豪語していた。ところが、いざ戦争になると、あっけなく陥落。新聞記者たちにつっ込まれると、敗軍の将、悪びれることもなく、

「ナニ、十三人来おったので」（十三のことを英語で悪魔の一ダースという）

アメリカの片田舎のこと。駅に大きな時計が二つあったが、時間の合っていたためしがない。口やかましい乗客が、合わせておけばいいのにと注意した。駅長、すこしも動ぜず、

「それじゃ、二つある意味がないでしょう」

アメリカの女優デボラ・カーが旅先で急に目がおかしくなった。その町には眼科と精神科の医院しかなく、二つは並んで建っていた。目のよく見えないデボラは眼科のつもりで精神科の方へ入ってしまった。

「わたしデボラ・カーですが」

医者が言う。

「ほほう。それはたいへんだ。いつから自分がデボラ・カーだと思うようになったんですか」

笑いの国境

日本では、三年に片頬、つまりめったなことでは笑ってはいけないとしつけられてきたが、庶民はけっこう笑いをたのしむ。

結婚披露宴会場の厨房《ちゅうぼう》では、客の長々しいスピーチの評判が悪い。時間が狂って、せっかくの料理が冷める。早く終われとみんな思っている。若いのが、

「スピーチとスカートは短いほどいい」

と言うと、シェフがきめる。

「なーに、どちらも、なけりゃもっといい」

笑いは国境を越えにくい。すこしくらい外国語ができても笑わせることばを話すのは難しい。

あるとき岡倉天心がマンハッタンを歩いていると、白人のアメリカ人が近づいてきて訊《き》く。

Which nese are you, Chinese or Japanese?（チャイニーズ、ジャパニーズ、どっちのニーズかね）

天心、間髪を入れずやり返す。

Which key are you, donkey, monkey or Yankee?（ドンキー、マンキー、ヤンキー、キミはどのキー?）ドンキーはロバだがバカ、トンマの意がある、マンキーはいたずらっ子の含みもあって、逆襲は痛烈である。

ユーモアのある英会話力はこれからの日本にとってもっとも大切な技能になる。

あとがき

衣食足りて礼節を知る、というが、ことばは礼節のひとつである。ことばを大切にするのは文化のはじまりで、ことばへの関心が高いのは豊かに成熟した社会である。ただ働くのに忙しいというのではことばを顧みるゆとりがない。

ことばを文化の媒体であると認める人たちはことばによって人間を判断、評価するようになる。この点で、〝文は人なり〟ということばを生んだフランスが世界に先んじていたとしてよかろう。イギリスもまけてはいない。上品でていねいなことばを遣う人が紳士であり淑女であるとした。

わが国はもともとことばを大事にしてきた。古くから、言霊《ことだま》のさきわう国であるのを誇りとした。昔から詩歌、文芸が栄え、他に比を見ない精緻《せいち》な敬語法をつくり上げた。

戦争に敗れて、みじめな生活を余儀なくされている間に、さしものことばの伝統も大きく崩れ、乱れなくてはならなかった。しかしそういう時代が長く続いたわけではない。人びとの生活が平常をとり戻すにつれて、ことばを気にする風潮が高まる。ことばを大切にしよう、美しい日本語を育てようという声が広まって、日本語ブームだといわれた。四十年ほど前のことである。

たまたまではなく、その頃から、日本語を学びたいと考える外国人が急増した。こうした外国人が学ぼうとしたのは、しかし、国語ということばではなく、日本語であったから、日本語という呼び方が一般的になった。国語と日本語は微妙に違う。国語がどちらかと言えば、書くことば、文章を中心にしているのに対して、日本語は話すことばの比重が大きいのである。

いずれにしても、外国人が学んでくれるという日本語である。あまり、みっともないものであってほしくないという気持ちは自然である。美しいことばを、という声にも無理はない。日本のことばは生まれ変わりつつあると言ってよいかもしれない。

そういうわけで、いまの日本語は生まれたばかりで、なお幼く、ヒ弱である。だいたい、ことばは家庭によって伝承されるところが大きいが、戦後のどさくさに育った世代ではことばをしつける能力に欠けていることが多い。ことばの教養の足りない人間が多くなるのは不思議ではない。学校も日本語を教える力を充分にもっていないのが普通である。

この本は、社会で仕事をしている人たちを念頭において、日本語の作法の一部を伝えることを目的としている。しっかりしたことばの教育を受けた人には余計なお世話と言われてもしかたがないが、こういう心得があれば仕事もうまく行き、人間の評価も高まるのではないかと考え、あえてあれこれ、細かいことを書いた。読者諸賢の御参考としていくらかでも役立てば著者としての喜びは小さくない。

本書に収められている文章はすべて、はじめ月刊「日経ビジネス　アソシエ」に連載されたものである。その中から三十二篇を選んで、単行本『日本語の作法』として、二〇〇八年一〇月、日経BP社より刊行された。

このたび、新潮文庫に入って新しい読者にまみえることになった。文庫本になるのに新潮社新潮文庫編集部の鈴木真弓さんにたいへんお世話になり、感謝している。

（二〇一〇年三月）

この作品は、二〇〇八年十月、日経ＢＰ社より刊行された。

大江健三郎著

小説のたくらみ、知の楽しみ

同時代の代表的作家が、日々の読書から、創作の現場から、かつてなく自己の生活と精神の内情をさらけだした注目の長編エッセイ。

大江健三郎著

私という小説家の作り方

40年に及ぶ作家生活を経て、いまなお前進を続ける著者が、主要作品の創作過程と小説作法を詳細に語る「クリエイティヴな自伝」。

金田一春彦著

ことばの歳時記

深い学識とユニークな発想で、四季折々のことばの背後にひろがる日本人の生活と感情、歴史と民俗を広い視野で捉えた異色歳時記。

中西　進著

ひらがなでよめばわかる日本語

書くも掻くも〈かく〉、日も火も〈ひ〉。漢字を廃して考えるとことばの根っこが見えてくる。希代の万葉学者が語る日本人の原点。

松本　修著

全国アホ・バカ分布考
—はるかなる言葉の旅路—

アホとバカの境界は？　素朴な疑問に端を発し、全国市町村への取材、古辞書類の渉猟を経て方言地図完成までを描くドキュメント。

森本哲郎著

日本語　表と裏

どうも、やっぱり、まあまあ——私たちが使う日本語は、あいまいな表現に満ちている。言葉を通して日本人の物の考え方を追求する。

柳田国男著
毎日の言葉

「有難ウ」「モシモシ」など日常生活の最も基本的な言葉をとりあげ、その言葉の本来の意味と使われ方の変遷を平易に説いた名著。

柳田国男著
日本の伝説

かつては生活の一部でさえありながら今は語り伝える人も少なくなった伝説を、全国から採集し、美しい文章で世に伝える先駆的名著。

柳田国男著
日本の昔話

「藁しべ長者」「聴耳頭巾」――私たちを育んできた昔話の数々を、民俗学の先達が各地から採集して美しい日本語で後世に残した名著。

柳田邦男著
言葉の力、生きる力

たまたま出会ったひとつの言葉が、魂を揺さぶり、絶望を希望に変えることがある――日本語が持つ豊饒さを呼び覚ますエッセイ集。

柳田邦男著
壊れる日本人
―ケータイ・ネット依存症への告別―

便利さを追求すれば、必ず失うものがある。少しだけ非効率でも、本当に大事なものを手放さない賢い生き方を提唱する、現代警世論。

柳田邦男著
壊れる日本人 再生編

ネット社会の進化の中で、私たちの感覚は麻痺し、言語表現力は劣化した。日本をどう持ちこたえさせるか、具体的な処方箋を提案。

吉田凞生編
中原中也詩集
生と死のあわいを漂いながら、失われて二度とかえらぬものへの想いをうたいつづけた中也。甘美で哀切な詩情が胸をうつ。

永井一郎著
朗読のススメ
声優界の大ベテランが、全く新しい朗読の方法を教えます。プロを目指す方のみならず、朗読愛好家や小さい子供のいる方にもお薦め。

乃南アサ著
ダメージ
—そこからはじまるもの—
「ありがとう」と素直に言う。他人と自分を比べないこと。そうすれば、あなたは幸せになれる。若い女性へ贈る出色のモノローグ集。

アーサー・ビナード著
日々の非常口
「ほかほか」はどう英訳する？ 言葉、文化の違いの面白さから、社会、政治問題まで。日本語で詩を書く著者の愉快なエッセイ集。

藤原正彦著
祖国とは国語
国家の根幹は、国語教育にかかっている。国語は、論理を育み、情緒を培い、教養の基礎たる読書力を支える。血涙の国家論的教育論。

保阪正康著
自伝の人間学
人はなぜ自伝を書くのか？ 自己を記録した日本人の作品を多数俎上に載せ、その文章から垣間見える筆者の真の人間性を探求する。

日《に》本《ほん》語《ご》の作《さ》法《ほう》

新潮文庫　と－21－1

平成二十二年五月一日発行

著者　外《と》山《やま》滋《しげ》比《ひ》古《こ》

発行者　佐藤隆信

発行所　株式会社 新潮社

郵便番号　一六二―八七一一
東京都新宿区矢来町七一
電話　編集部(〇三)三二六六―五四四〇
　　　読者係(〇三)三二六六―五一一一
http://www.shinchosha.co.jp

価格はカバーに表示してあります。

乱丁・落丁本は、ご面倒ですが小社読者係宛ご送付ください。送料小社負担にてお取替えいたします。

印刷・株式会社光邦　製本・株式会社植木製本所

ISBN978-4-10-132831-7 C0181